Logística
del automóvil

Biblioteca de Logística

Logística del automóvil

Federico Sabrià

Arturo T. De Zan, Julian C. Longstaff,
Jan A. Nikolaisen

Colaborador: Miquel Cardona

Un estudio de 

Biblioteca de Logística
Director: David Soler

Logística del Automóvil
1.ª edición, 2004
2.ª edición, 2011

Edita
Marge Books - València, 558, ático 2.ª - 08026 Barcelona
Tel. +34-932 449 130 - Fax +34-932 310 865 - www.marge.es

Gestión editorial: Hèctor Soler, Anna Palacios
Edición: Laura Matos
Compaginación: Mercedes Lara
Impresión: Service Point (El Prat de Llobregat)

ISBN: 978-84-92442-79-9
Depósito Legal: B.

Índice

Prefacio

Vivimos en un contexto cuya velocidad de cambio nos desborda y sorprende día a día. En la esfera de lo económico, de lo tecnológico, de lo político, se experimentan verdaderas revoluciones que hacen de la toma de decisiones, especialmente las que atañen a la estrategia de operaciones, un difícil reto.

En el IESE vivimos a diario una interrelación intensa con ejecutivos internacionales de todos los sectores de actividad económica. Por ello estamos particularmente bien situados para pulsar cuáles son sus principales preocupaciones, para contrastar cuáles son los caminos que exploran, cuáles sus certezas, cuáles sus miedos y dudas.

Hace un tiempo, uno de los directivos con mayor responsabilidad en un grupo fabricante de automóviles y antiguo alumno del IESE, nos visitó con el fin de contrastar puntos de vista.

Repasamos las estrategias seguidas por sus competidores y nos justificó las decisiones tomadas en su empresa. Pronto coincidimos en que la problemática de la flexibilidad de las redes de producción-distribución se había convertido en «el tema» de máxima preocupación. Habían otros (como por ejemplo, el diseño, el mercado chino y, para los españoles, las infraestructuras de conexión con Europa) pero la flexibilidad, la agilidad, la proyección de los mundos de Michael Dell o de Zara al sector del automóvil se había convertido en el último rompecabezas con el que debían lidiar las empresas del sector.

El breve repaso que llevamos a cabo aquella tarde nos sirvió para poner de manifiesto que, aún armados de información inconexa, pobre, podíamos comprobar que las búsquedas de la agilidad eran muchas (de hecho, tantas como fabricantes presentes en la industria). Más aún, parecía que los caminos no sólo divergían en tal o tal otra cuestión: en algunos casos los caminos seguidos eran claramente opuestos.

No era de extrañar que nuestro antiguo alumno y amigo se sintiera tan incómodo. Estaba participando en la toma de decisiones que iban a fijar la capacidad de su empresa de competir en agilidad en los próximos diez años y, mirando por encima de su hombro, veía como sus más encarnizados competidores aparentemente tomaban medidas completamente distintas.

Francamente, uno se esperaba encontrar estrategias más o menos coincidentes. No olvidemos que estábamos hablando de una industria madura, en la que se presupuestan y ejecutan inversiones de miles de millones de euros, de un sector que desde mediados de los años ochenta del pasado siglo XX se ha caracterizado por realizar esfuerzos crecientes en la mejora de sus operaciones, de la calidad de sus procesos y productos, de sus redes de aprovisionamiento y de distribución (recordemos las auténticas «revoluciones» a raíz del «fenómeno López de Arriortúa» o de la consolidación de concesionarios, del uso del transporte multimodal, etc.).

En conclusión, no se trataba de una industria adormecida (como probablemente lo sea la del textil) o recién nacida (como la de la informática personal). ¿Cómo era posible entonces encontrar encima del tapete tantas y tan distintas soluciones?

Aquello había que mirárselo con más cuidado y este libro es el resultado de los meses de observación que siguieron a aquella conversación mantenida en una sala de trabajo del IESE.

¿Cuáles fueron nuestros siguientes pasos? La verdad, no nos complicamos la vida: llamamos a antiguos alumnos con cargos de responsabilidad en los principales fabricantes presentes en Europa y les pedimos que nos explicaran qué es lo que hacían y porqué.

Este libro resume nuestras conversaciones aunque, en algún caso, hayamos dejado en el tintero algunos temas que, por su confidencialidad, no podrán ver la luz hasta dentro de unos años.

Gracias a las visitas de las plantas de Nissan, Seat, PSA y Ford en España y de Smart en Francia, pudimos, además, comprobar sobre el terreno el nivel de avance de las ideas lanzadas en los despachos o defendidas por los académicos (con los que también nos entrevistamos).

¿Con qué nos encontramos? Pues con un verdadero hervidero. El nivel de compromiso, el impacto y los cambios que la filosofía de la agilidad ha llevado a estos grandes grupos es de primer orden. La fabricación y la comercialización de automóviles nunca volverán a ser las mismas. De hecho, el sector ha encontrado su propio camino (ni ha «copiado» a Dell, ni ha pretendido transformarse en Zara). En muchos casos ha repasado su historia (los escritos y las realizaciones de Ford, por ejemplo) y ha encontrado allí los embriones de las nuevas maneras de hacer.

He aquí con qué elementos y escenarios se enfrentan los fabricantes de automóviles:

a) *Cambio en el comportamiento de los clientes*

Desde que los niveles de calidad y de performance de los vehículos se ha uniformizado, la diferenciación es más difícil. Los compradores se centran más en el precio, en la marca y en el estilo que en las prestaciones del vehículo. La calidad de servicio, la disponibilidad, la capacidad de adaptarse a las necesidades de los clientes (llegando incluso a la personalización masiva) son las claves de los próximos años. ¿Cómo, a la luz de los nuevos requerimientos, transformar las más complejas e internacionalizadas redes de fabricación industrial?

b) *Sobrecapacidad de producción*

El sector del automóvil pasa por un período de sobrecapacidad. Las guerras de precios están a la orden del día y, a la vez que se desea flexibilizar las cadenas, se hace necesario llevar a cabo cierres de plantas y deslocalización de unidades de producción. La agilidad llega en pleno «zafarrancho», en lo que muchos llamarían un «período de reingeniería». Nos reinvetamos las formas de hacer a la vez que nos reinventamos a nosotros mismos.

c) *Consolidación y alianzas estratégicas*

Muchos analistas del sector piensan que en los próximos años esta industria se concentrará en unos pocos grandes grupos (tal vez unos cinco o seis), los cuales absorberán gradualmente a los grupos más pequeños. De igual modo, se espera que los proveedores de componentes sigan un rumbo similar. ¿Cómo ligan consolidación y agilidad? ¿Cómo reaccionarán grupos cuyos integrantes han seguido hasta hoy estrategias muy distintas en el campo de la flexibilidad?

Las soluciones, las recetas empleadas, son varias pero pivotan alrededor de una serie de ejes que la lectura de esta obra permitirá al lector estudiar con detenimiento.

La primera gran solución es llegar a la flexibilidad vía la inflexibilidad. Las empresas que pregonan este tipo de solución tratan de congelar sus procesos tres o cuatro días en el futuro. Nada puede tocarse en los tres o cuatro días siguientes. Antes todo o casi todo puede cambiarse: la empresa escucha al mercado y se ajusta hasta tres días antes de la fabricación del automóvil. La idea es eliminar al máximo las fluctuaciones en las plantas de producción, exprimir al máximo la capacidad de balancear las líneas y proteger a los proveedores de disrupciones en el más corto plazo. Notemos ya aquí que esta filosofía, que no deja de sorprender a un neófito pero no a un especialista en teoría de colas, no es seguida por todos los fabricantes. Sin ir más lejos, uno de los entrevistados se sentía particularmente orgulloso de poder modificar hasta un 80 % de los vehículos que su planta fabricaría en las 24 horas siguientes. Otro entrevistado nos explicó los esfuerzos por poner en marcha un sistema de secuenciado (más bien resecuenciado) automático que permitía a toda la cadena de proveedores modificar los planes de producción prácticamente en línea.

Una segunda estrategia pasa por el uso de plataformas comunes. Uno puede extender este concepto de plataforma y comprobar que todos los fabricantes juegan a lo que el mundo académico ha llamado *«postponment»*, es decir otorgar las características finales del producto, lo que lo diferencia, lo más tarde posible en la cadena de fabricación-distribución. De este modo, la complejidad, la flexibilidad necesaria, se reduce: fabricamos, por así decirlo, Ford Ts negros y al final, a poder ser contra pedido del cliente, le otorgamos al Ford T negro una nueva piel (en algunos casos una piel única, escogida por el cliente). Estas estrategias de *postponment* permiten trabajar con componentes comunes y convencer a los proveedores para que apuesten por una marca. («Tendremos los mismos cables en todos nuestros modelos; así, si el modelo A no se vende no verás tus ventas como proveedor afectadas ya que las compensarás con ventas de cables para el modelo B.») Modularización y componentes comunes son conceptos que sólo los líderes saben compaginar con diseños diferenciadores.

Una tercera estrategia pivota alrededor del instrumento industrial. La flexibilidad requiere nuevos acuerdos con la mano de obra. Adaptarse a los vaivenes del mercado sólo será posible si revisamos todas aquellas reglas que otorgan rigidez al proceso. La calidad se da por sobreentendida; lo que diferenciará una instalación industrial de otra, lo que evitará el traslado de producción y modelos a otros países será la capacidad de seguir al mercado. Una fuerza laboral más formada, pluridisciplinar, dispuesta a asumir los nuevos retos, es la mejor garantía de éxito.

Una cuarta estrategia se centra en el uso de la información. Las nuevas cadenas de producción-distribución se basan en la visibilidad, en la capacidad de anticipar, de gestionar los distintos escalones de la cadena de acuerdo con una lógica única. Reactividad, substitución de inversiones físicas (como *stocks*) por inversiones en información, un enfoque hacia el cliente tratando de eliminar todo aquello que no aporte valor.

Esperamos que este trabajo pueda contribuir a un mejor entendimiento del sector del automóvil. Creemos que lo que vive esta importante industria puede llegar a explicar lo que viven o vivirán otros sectores. En cualquier caso confiamos contagiar la curiosidad que nos llevó a escribir este libro y ayudar a directivos y empresarios en su siempre difícil proceso de toma de decisiones.

Los autores

Logística del automóvil

1 Perspectiva general

1.1 Introducción

En este breve estudio sobre el sector de la automoción, hemos observado la evolución de las operaciones de los fabricantes de automóviles. Éstos, si bien varían en cuanto a su perspectiva, coinciden en tener una misma meta: proporcionar al cliente más opciones y más variedad, sin que ello suponga un aumento significativo del coste del vehículo. Los fabricantes de automóviles esperan poder reducir el número de vehículos fabricados «contra *stock*» y empezar a fabricar principalmente «contra pedido» del cliente. Se piensa que esta iniciativa mejorará su competitividad, reducirá el exceso de existencias de productos terminados y permitirá una rápida respuesta ante los cambios del mercado.

La clave para lograr este objetivo es la flexibilidad, concepto que intentaremos desarrollar más adelante. Nuestro informe se ha centrado en averiguar en qué consiste dicha flexibilidad y cómo la consiguen los fabricantes. Hemos identificado cuatro tipos de flexibilidad que, en cierta medida, están interrelacionadas:

- Flexibilidad en volumen.
- Flexibilidad en *mix* de productos.
- Flexibilidad en cambios.
- Flexibilidad en modificaciones.

De estos tipos de flexibilidad hemos averiguado que, en general, los fabricantes se están concentrando en la flexibilidad en el *mix* de productos, ya que ello les proporciona la ventaja de una buena flexibilidad en los cambios y cierta flexibilidad en las modificaciones. Los fabricantes alegan que esto reduce la necesidad de flexibilidad en el volumen. Además, en la práctica la flexibilidad en el volumen parece ser el tipo de flexibilidad más difícil de conseguir.

Los fabricantes consiguen la flexibilidad en el *mix* de productos con las técnicas siguientes, que se describen más detalladamente a lo largo de esta obra:

- Diseño y fabricación modulares; estrategia de «plataforma».
- Automatización y maquinaria flexible.
- Cadena de suministros receptiva y adaptable.
- Toma de decisiones descentralizada.
- Diseño y distribución de la fábrica.
- Formación de personal polivalente.
- Planificación y programación de la producción.

1.2 Objetivos

Desde el punto de vista de la fabricación, el sector de la automoción es uno de los más complejos. Muchos de los conceptos que proliferan actualmente sobre los procesos de fabricación en el mundo de la industria los han desarrollado y puesto en práctica por primera vez los fabricantes de automóviles. Por tanto, la evolución del sector de la automoción puede ser un buen indicador de lo que sucede en el ámbito de la fabricación como actividad específica.

El objetivo de esta obra es ofrecer una visión general de lo que está sucediendo en el sector de la automoción en lo que respecta a los aspectos operativos. Con la amable colaboración de las empresas Ford, Nissan, PSA, Seat y Smart, hemos logrado obtener algunas de las características actuales de este sector.

El presente trabajo está estructurado en cuatro grandes partes o capítulos. En primer lugar, entendemos que no se puede tener conciencia del presente sin comprender el pasado. Empezamos, por tanto, con un breve repaso de la evolución histórica de la fabricación de automóviles (parte 2), para así contextualizar el funcionamiento actual. Posteriormente se describen ciertos aspectos sobre la situación en los fabricantes que han sido visitados («Informe de campo», parte 3). Finalmente, en la parte 4 se pretende vincular el pasado y el presente y describir hacia dónde parece dirigirse el sector, desarrollando el concepto de flexibilidad.

2 Los orígenes del sector. Evolución histórica del sector de la automoción

2.1   El concepto de «fabricación en serie» de Ford

La estrategia de producción del sector de la automoción ha evolucionado con el tiempo. De la trayectoria de esta evolución posiblemente entenderemos mejor cómo podría desarrollarse su estrategia en el futuro. Para comprender a fondo en qué punto se encuentra el sector en la actualidad, es importante conocer sus orígenes.

El nacimiento de los automóviles fabricados en serie tuvo lugar en 1910, cuando Henry Ford inició la fabricación del «Ford T», en su planta de River Rouge en Dearborn (Estados Unidos). Anteriormente, todos los vehículos se habían construido, según las especificaciones de personas individuales, como si lo hubiese hecho un artesano muy cualificado.[1] Cada vehículo fabricado con este sistema de «producción artesanal» era único y se construía directamente según el pedido del propietario final. La idea de Henry Ford (véase la figura 1) fue usar las técnicas modernas de producción en serie[2] para fabricar un vehículo asequible prácticamente para todo el mundo. Fabricando un único modelo, con pequeñas variaciones en las especificaciones, Ford pudo optimizar el flujo de materiales a través de la línea de producción. Se centró especialmente en el flujo de materiales y puso en práctica un programa de mejora continua para poder desarrollar y mejorar el proceso a lo largo del tiempo.

Equilibrando los procesos de fabricación y mejorándolos continuamente, Ford fue capaz de disminuir drásticamente la cantidad de mano de obra necesaria para cada vehículo, con lo que redujo el coste de fabricación de cada unidad y aumentó la capacidad de producción de su fábrica. Entonces, Ford pudo bajar

---

[1] Ford (1988).

[2] Las técnicas de producción en serie ya se habían desarrollado para fabricar armamento durante la Guerra Civil estadounidense.

el precio de su producto a fin de estimular la demanda de manera acorde con el crecimiento de la producción de su automóvil. Dado que aquel era el único vehículo disponible en el mercado de consumo a gran escala, la penetración en el mercado solamente estaba limitada por el precio.

«Fordismo»

- *«Cualquier color, mientras sea el negro.»*
- Mano de obra barata y no cualificada.
- Piezas estandarizadas e intercambiables.
- Máquinas especializadas.
- Atención centrada en reducir costes y precios.
- Economías de escala.
- Organización jerárquica.
- Integración vertical.

Eficiencia mediante la estabilidad y el control.

Figura 1. Características esenciales del «fordismo».

Las características clave del sistema de fabricación en serie empleado por Ford eran:

a)   Mano de obra no cualificada

Ford pudo contratar a gran cantidad de trabajadores «manuales» para producir su automóvil. Al basarse en gran medida en el proceso de fabricación propiamente dicho, no necesitaba personal con mucha formación ni muy cualificado. De hecho, muchos de los trabajadores eran inmigrantes, y cabe destacar que en la fábrica se hablaban más de sesenta lenguas diferentes, lo que indica que la comunicación entre los operarios era innecesaria. Ford insistía en pagar un buen sueldo a estos trabajadores, para que pudieran permitirse comprar el automóvil que ellos mismos se dedicaban a fabricar durante la jornada.

b)   *Piezas estandarizadas e intercambiables*

Junto a la línea de producción había enormes depósitos de componentes, de modo que el operario no perdía tiempo en rectificar o adaptar la pieza para que encajara en el vehículo. Las piezas se fabricaban con unas dimensiones y tolerancias especificadas, con el fin de garantizar que cada una se pudiera montar en el vehículo sin alterar el resto de la línea de producción.

c)   *Máquinas especializadas*

Algunas partes del proceso de fabricación no las podían realizar los empleados, por ejemplo, debido al gran peso de algunos de los componentes. Usando maquinaria especial para dichas tareas, Ford pudo garantizar que tales procesos se efectuaran de una forma sistemática y precisa, lo que a su vez aseguraba un flujo continuo de materiales a lo largo de la línea de producción.

d)   *Atención centrada en reducir costes y precios*

Gracias a su política de mejora continua de los procesos, Ford pudo fabricar repetidamente el mismo automóvil reduciendo gradualmente el coste y aumentando progresivamente la cadencia de la producción. Luego, bajando los precios, se aseguró de garantizar la venta de toda la producción y obtener el máximo beneficio.

e)   *Economías de escala*

En comparación con el margen de contribución alcanzado, los gastos generales del negocio eran muy elevados. Por tanto, Ford tuvo que optimizar la velocidad de producción de toda la fábrica, para reducir de este modo los gastos generales asignados a cada unidad de producción. Esto aumentó la rentabilidad del negocio en su conjunto.

f)   Organización jerárquica

Centralizando la toma de decisiones en la empresa, Ford consiguió que el negocio funcionara con coherencia y uniformidad. En cuanto a su personal, también consideró ventajoso que al no estar cualificado y disponer, por regla general, de poca formación, no tuviera la responsabilidad de tomar decisiones y garantizar de este modo que se centrara en su tarea específica.

g)   Integración vertical

El imperio empresarial de Ford estaba muy integrado y abarcaba otras industrias, tales como: refinerías de petróleo, instalaciones mineras y establecimientos de venta. Ford pretendía lograr economías de escala siempre que fuera posible y pensaba que, gracias al tamaño de su negocio, era capaz de fabricar productos a un coste inferior al que podían conseguir sus proveedores. Esto también le permitió centralizar la toma decisiones, como se ha comentado anteriormente.

2.2   General Motors bajo la dirección de A. P. Sloan

En los años veinte del siglo XX surgió una nueva filosofía de fabricación que permitió a General Motors competir con Ford y, muchos años después, tomarle la delantera.

Sloan afirmaba que las necesidades del mercado no eran «homogéneas», como había dicho Ford, sino más bien «diversificadas». Tenía la convicción de que el cliente estaba dispuesto a pagar un poco más por un automóvil más adecuado a sus necesidades personales concretas que por otro de características del tipo «estándar». Sin embargo, lo fundamental de esta estrategia era la necesidad de fabricar un automóvil a un precio parecido al del modelo de Ford. El único motivo por el que éste podía ofrecer precios muy bajos a los consumidores era que fabricaba un solo modelo, sin ninguna variación, lo que le proporcionaba flujos de proceso eficientes y economías de escala convenientes.

La solución de Sloan para este problema (véase la figura 2) fue la de compartir los componentes principales entre modelos diferentes. Con ello pudo distribuir los costes de desarrollo de dichos componentes a través de toda la gama de productos. Procuró que todos los modelos de vehículo tuvieran en común el máximo número de piezas posible y produjo modelos específicos para los segmentos de mercado que tenía identificados.

Algunas de las características importantes del «sloanismo» son las que se tipifican en la tabla 2.

«Sloanismo»

- Compartir componentes entre modelos.
- Gama de productos extensa para mercados diferentes.
- Vida de los productos más corta.

Variedad a un coste aceptable.

Figura 2. Características esenciales del «sloanismo».

a)　Compartir componentes entre modelos

Esta técnica, descrita más arriba, ha sido imitada en todo el sector de la automoción y la siguen usando profusamente en la actualidad todos los fabricantes importantes.

b)　Gama de productos extensa para mercados diferentes

Sloan supo ofrecer a los clientes un surtido de productos mayor que el de su competidor, y así obtuvo la posibilidad de adaptar su producto a las necesidades concretas de diferentes segmentos del mercado. Y lo pudo hacer tanto desde el punto de vista estético (interiores más lujosos y diseños más elegantes) como desde el punto de vista mecánico (motores más potentes y diferentes tipos de suspensión). También supo adaptar ciertos modelos existentes a nuevos mercados fuera de Estados Unidos, y usar técnicas de marketing distintas para vender los automóviles a los diferentes grupos de clientes.

c)   Productos con una vida más corta

Fabricando con esta estrategia, los costes de desarrollo de un modelo «nuevo» se limitaban a un número de componentes relativamente reducido, como la chapa de la carrocería y los interiores. De esta forma, resultaba rentable actualizar la gama cada año, y mantener así el aire de una gama de productos modernos y actualizados.

d)   Controles financieros rigurosos

Sloan fue pionero en los sistemas de control financiero modernos. Era esencial que la dirección pudiera controlar el coste de producción de cada vehículo fabricado, para garantizar que General Motors no estuviera fabricando productos deficitarios, así como para fijar eficazmente los precios de los nuevos modelos. Debido a la mayor variedad de productos, el sistema de fabricación de Sloan era mucho más complicado que el de Ford. Por tanto, era esencial llevar unos registros adecuados de todos los costes, a fin de ayudar en la planificación y el desarrollo de nuevos modelos.

e)   Descentralización de la complejidad

Sloan no podía centralizar el control de su fábrica como lo hacía Ford. La mayor complejidad que suponía la producción de toda una gama de vehículos diferentes generaba problemas en la planificación, la programación, la fabricación y las ventas. Mientras que el sistema de producción de Ford implicaba la optimización de un proceso uniforme, el proceso de General Motors era mucho más dinámico y variado. Por tanto, la toma de decisiones tenía que ser más rápida y, para ello, Sloan necesitaba a gerentes capacitados que pudieran tomarlas *in situ*.

Durante un largo período de tiempo, ambos estilos de producción, el de Ford y el de Sloan, funcionaron simultáneamente, sin que ninguno de ellos destacara claramente como mejor que el otro. Sin embargo, con el paso del tiempo, a medida que la base de clientes fue aumentando su nivel adquisitivo y diversificándose, exigió más variedad, y Ford acabó por tener que pasarse al estilo de fabricación de Sloan, ofreciendo diferentes modelos de automóviles construidos con componentes similares.

2.3   *Lean manufacturing* y «toyotaísmo»

A finales de la década de 1970 y principios de los años ochenta tuvo lugar otra revolución en la filosofía de la producción, cuyos pioneros fueron los fabricantes de automóviles japoneses, principalmente Toyota y Honda. En aquella etapa, los japoneses ofrecían una gama de automóviles más pequeños y con un consumo de combustible menor, lo que les permitió entrar en el mercado norteamericano con ventaja. En aquellos momentos, después de las crisis del petróleo de los años setenta, la demanda de este tipo de automóviles se materializó rápidamente. Mediante sus eficientes técnicas de fabricación, los japoneses podían ofrecer aquel tipo de automóviles a unos precios con los que los fabricantes norteamericanos eran incapaces de competir.

«Toyotaísmo»

- Pioneros japoneses.
- Reducción de costes después de la crisis del petróleo de los años setenta.
- JIT *(Just in time)*, TQM *(Total Quality Management)*, Kanban, etc.
- Personal muy cualificado y adaptable.

Competitividad mediante una producción eficiente.

Figura 3. Características esenciales del «toyotaísmo».

En muchos aspectos, los principios del llamado *lean manufacturing* —modelo de gestión de la fabricación cuyo objeto es eliminar las actividades sin valor— (véase la figura 3) son similares a algunos de los conceptos formulados originalmente por Henry Ford. Una vez más se destacaba la importancia de establecer flujos de materiales continuos y eficientes, eliminando, sobre todo, los *stocks* excesivos y los desperdicios. Los sistemas de mejora continua también se consideraban esenciales para el proceso de producción. Las técnicas del *lean manufacturing* introducidas en aquella época son actualmente una práctica estándar en todos los fabricantes de automóviles. La adopción universal de estas prácticas ha cambiado espectacularmente la naturaleza de todo el sector industrial de la fabricación, ya que su implantación ha contribuido de forma espectacular a reducir los costes de producción.

Algunas características específicas del *lean manufacturing* son:

a) *Entregas justo a tiempo* (**JIT, just in time**)

Una de las mayores ineficiencias del proceso de fabricación de aquellos primeros períodos eran las cantidades excesivas de materias primas almacenadas en las líneas de producción. El coste de almacenar estas existencias era extremadamente alto, ya que inmovilizaba un considerable capital circulante y a menudo las existencias se estropeaban, se perdían o se volvían obsoletas incluso antes de incorporarse a la línea de producción. Garantizando que los suministros llegaran a la línea en el momento exacto en que se necesitaban, los fabricantes podían asegurar que sólo hubiera el mínimo imprescindible de materiales, ya sea al pie de la línea o bien en tránsito, de forma que se mantuvieran a nivel mínimo los costes de mantenimiento del inventario.

b) *Gestión de la calidad total* (**TQM, total quality management**)

El impacto de los problemas de calidad sobre las líneas de producción era doble. En primer lugar, existía el peligro de que cualquier defecto llegara al cliente final, lo que generaba desconfianza en el producto y erosionaba la imagen del fabricante. Esto podía perjudicar a largo plazo la buena reputación de la compañía fabricante y la relación de ésta con el cliente. En segundo lugar, el defecto debía repararse con cargo al fabricante, en la propia fábrica, o, si el automóvil ya había salido de ella, en el punto de venta.

Antes del *lean manufacturing,* la solución era garantizar que el producto se verificaba exhaustivamente una vez fuera de la línea de producción, a fin de detectar cualquier defecto y rectificarlo antes de que el vehículo saliera de la fábrica. En realidad, este sistema resultaba ineficaz. Para un proveedor o un operario determinado era difícil remontarse a las causas de un defecto, lo que generaba numerosos problemas relativos a su solución, y aún era más significativo el hecho de que la subsanación de los defectos obligaba a que las líneas de fabricación y el personal tuvieran que dedicar tiempo a actividades que no añadían ningún valor al producto.

Adoptando un enfoque de «más vale prevenir que curar» para el control de calidad, los fabricantes podían garantizar que sus líneas de fabricación siguieran funcionando sin retrasos. Esto permitía que, además de afianzar la relación con el cliente, las fábricas pudieran funcionar al máximo de su capacidad real. Esta prevención de los problemas de calidad comprendía varias fases. En primer lugar con los proveedores, para asegurarse de que los materiales entregados fueran los correctos y que los mismos carecieran de cualquier tipo de defecto. En segundo lugar, el personal recibía las herramientas y la formación apropiadas para poder realizar su trabajo en la forma requerida. Los procesos de inspección pasaron de estar situados al final de la línea de producción a instalarse en la propia línea, para poder detectar cualquier problema y resolverlo en el lugar y en el momento en que se producía. Se insistía repetidamente en la importancia de la calidad en toda la fábrica, para que todo el personal comprendiera el reto y la necesidad de la iniciativa.

c)   *Mantenimiento preventivo total (TPM)*

A medida que los fabricantes procuraban conseguir un flujo de materiales continuo y fiable a través de la fábrica, se fue concediendo más atención a lograr que los tiempos de inactividad de las máquinas fueran los mínimos. Siempre que una máquina se paraba, lo hacía también todo el proceso de producción, lo que implicaba enormes pérdidas de ingresos. Asegurándose del cumplimiento de unos programas de mantenimiento que sustituyeran las piezas antes de que fallaran, y no después, los fabricantes podían fiarse más de la maquinaria que usaban para fabricar sus automóviles.

d)   *Mejora continua*

Ford, en 1910, concedió una gran importancia a un proceso de mejora continua para reducir las horas de mano de obra dedicadas a cada automóvil y garantizar que éste se fabricara con el coste más bajo posible. El *lean manufacturing* volvió a destacar la importancia de esta técnica para eliminar pérdidas de actividad y optimizar la productividad de los trabajadores.

Aunque las técnicas descritas más arriba (además de otras) se han atribuido a Honda y Toyota, estas empresas reconocen que una gran parte de la inspiración para su desarrollo y mejora procedía de las prácticas de Henry Ford. El *lean manufacturing* fue simplemente un regreso a gran parte de la filosofía fundamental de Ford, en el sentido de que para hacer que una fábrica de automóviles fuera rentable se tenía que maximizar su producción y así aprovechar mejor las economías de escala. Para lograrlo se concentraron los esfuerzos en los flujos de materiales continuos y estables, garantizando que la infrautilización de recursos de personal y financieros fuera mínima.

2.4 Automatización

En los años setenta y ochenta del siglo XX, los fabricantes se hicieron un importante replanteo del nivel de automatización que requerían los procesos de fabricación. Los fabricantes japoneses, en general, pensaban que sus procesos automatizados no eran lo bastante flexibles, lo cual les impedía aplicar la filosofía de mejora continua que deseaban emplear. Los fabricantes occidentales, en cambio, consideraban que los ahorros en costes obtenidos superaban el inconveniente de la menor flexibilidad derivada de la automatización. Las decisiones tomadas afectaron significativamente a la naturaleza de la producción en las fábricas existentes en aquellos momentos. Ahora muchos fabricantes están viendo que la revolución tecnológica del pasado reciente les ha permitido desarrollar unas máquinas que en realidad no reducen la flexibilidad, sino que la aumentan. El uso de la tecnología ha permitido a algunas fábricas fabricar una gran variedad de modelos simultáneamente en la misma línea de producción.*

---

* *Nota:* es necesario indicar que las máquinas solamente pueden desarrollar un margen de flexibilidad limitado. Por ejemplo, no suele ser frecuente ni eficiente adaptar una máquina para que monte un automóvil un día y una moto al día siguiente. Si bien el personal cualificado es perfectamente capaz de realizar estas tareas, las máquinas son más apropiadas para producir una gama reducida de productos similares que otros de distinta naturaleza.

2.5 La situación actual

2.5.1 Cambios en el comportamiento de los clientes

Varios estudios han llegado a la conclusión de que los hábitos de compra de automóviles por parte de los clientes han cambiado de manera notable en los últimos años. Los niveles de fiabilidad y las prestaciones actuales sobrepasan con mucho las de los vehículos existentes pocos años atrás; es más, puede decirse que las prestaciones de la mayoría de los vehículos superan las necesidades concretas de sus propietarios. Dado que ahora la calidad y las prestaciones de todos los automóviles son similares, a los fabricantes de automóviles les resulta más difícil diferenciarse de la competencia. Por ello, en la actualidad los clientes eligen su vehículo básicamente por el precio, la marca y el diseño, más que por sus prestaciones.

Para competir en un mercado de estas características, las empresas deben adaptar sus estrategias frente a este escenario. Bajar los precios, lanzar ediciones especiales o fortalecer una marca por encima de otras son opciones habituales de competencia. Otros fabricantes intentan adaptar sus diseños para satisfacer de forma más amplia las necesidades de sus clientes. Algunos fabrican los habitáculos de los vehículos de volumen reducido; otros intentan introducir opciones y accesorios nuevos que hagan su producto más deseable para el cliente. Mientras que antes un comprador podía escoger normalmente las especificaciones entre 3 o 4 niveles diferentes de línea, ahora puede escoger de una lista de hasta veinte opciones diferentes, con un número de configuraciones posibles del vehículo que a veces es del orden de millones.

2.5.2 Exceso de oferta

Henry Ford siempre pudo crear demanda para su automóvil mediante la reducción de sus precios: siempre había un mercado mayor a un precio más bajo. Pero en la actualidad las cosas ya no son así. La capacidad de producción mundial, al menos en el mundo desarrollado, supera el tamaño total del mercado, sea cual fuere el precio. Por consiguiente, los fabricantes compiten entre sí para tener una cuota en un mercado de un número finito de clientes, lo que provoca cambios espectaculares en el sector, como las guerras de precios para liquidar existencias, la mayor importancia concedida a los programas de fidelización de los clientes, etc.

Un problema común al que se enfrentan los fabricantes es que, por un lado, a menudo no se ven capaces de vender la producción de un modelo por falta de demanda y, por otro lado, son igual de incapaces de fabricar cantidades suficientes para satisfacer la demanda de otro modelo de mayor éxito.

2.5.3 Consolidación

Recientemente, una de las características principales de la fabricación de automóviles ha sido la consolidación gradual de muchas de las empresas pequeñas y medianas del sector. Este fenómeno responde a varias razones, como por ejemplo: aumento de tamaño de las empresas más grandes, compartir costes de desarrollo de componentes, adquisición de nuevas marcas, desarrollo de la presencia en el mercado en otros sectores, etc. Muchos observadores predicen que progresivamente este sector industrial quedará constituido únicamente por unos pocos grupos de fabricación a gran escala –tal vez unos 5 o 6– y solamente permanecerán fuera unos pocos fabricantes especializados.

Además de la consolidación de los fabricantes de equipo original (OEM), los proveedores también se están consolidando entre sí. De alguna manera, esto lo han fomentado los fabricantes, que ahora desean abastecerse de forma «globalizada» y sólo quieren tratar con un proveedor para cada pieza, siempre que esto sea posible. Los proveedores de la primera categoría (Tier 1)* también intentan especializarse en algunos componentes, a fin de reducir la competencia en cuanto a su precio, si bien en algunos casos de fabricantes de componentes, los fabricantes de automóviles sólo pueden elegir entre un número muy reducido de proveedores con las aptitudes requeridas.

Pese a la extendida predicción de que el sector se acabará consolidando en unos pocos fabricantes, las experiencias de las fusiones de BMW-Rover y Mercedes-Chrysler sugieren que es posible que la consolidación no sea necesariamente el camino que se deba seguir. Se han explorado otras oportunidades en

---

* En la industria del automóvil se utiliza el término *«tier»* para designar a los proveedores de piezas y componentes. De este modo, «Tier 1» se refiere a un proveedor directo de la cadena de producción, «Tier 2» a un proveedor del primero, y así sucesivamente.

los acuerdos para compartir ciertas partes, por ejemplo, entre General Motors y Fiat, a fin de tener en común los componentes principales, lo que permite que ambos fabricantes conserven su autonomía y que, al mismo tiempo, se beneficien de importantes ahorros en los costes.

3 Los conceptos de producción en la práctica: el sector en la actualidad

Los dos primeros apartados de este capítulo se basan en informes históricos publicados en Lung *et al.* (1999). El resto describe los procesos de producción en vigor en el momento de su redacción y se basa en visitas efectuadas a fábricas.*

3.1 La estrategia de producción de Toyota en Kentucky, 1992

La fábrica de Toyota en Georgetown, Kentucky (EEUU), edificada en 1992, se construyó para fabricar automóviles y furgonetas de reducidas dimensiones, y se pensó para que operase en la modalidad contra pedido. Aunque no hemos visitado las instalaciones personalmente, existe material de investigación sobre la estrategia general de la fábrica, al que hemos tenido acceso.

La naturaleza del funcionamiento de la fábrica se ha comparado con una «enorme máquina expendedora de café». Básicamente, cada pedido se coloca en la cola de los pedidos programados para producir, y luego sale como producto terminado al final de la línea de producción, con las especificaciones exactas requeridas por el cliente. No se contemplan ajustes en las especificaciones previstas durante el proceso de fabricación, ni tampoco durante el período previo, que transcurre entre que se realizó el pedido de un vehículo particular y el inicio de su producción en línea. El proceso se diseñó para una estrategia de fabricación contra pedido, de principio a fin. Por este motivo no se fabrican vehículos mediante la estrategia tipo *push*** y así es como Toyota pretende garantizar

* Estas visitas tuvieron lugar durante el verano de 2002.

** Sistema de programación de la producción en la que cada uno de sus procesos está dirigido (empujar, *push)* por el anterior. De este modo, por ejemplo, las existencias empujan a las ventas y éstas dependerán fundamentalmente de la existencia o no de los productos, sin que la demanda real participe en la planificación de la producción.

el máximo beneficio en cada vehículo vendido, sin tener que descontar producción no vendida, ni soportar cantidades excesivas de existencias de productos terminados.

Antes de esta iniciativa, el tiempo medio de demora entre la fabricación del automóvil y la entrega del mismo al cliente había sido de varios meses. Dados los esfuerzos realizados para reducir las existencias en la propia línea de producción, parecía anacrónico tener tantas existencias literalmente aparcadas. Ahora, la filosofía del Toyota Production System afirma que producir por encima del nivel de demanda del mercado constituye una forma de malgastar recursos.

Teniendo en cuenta estos conceptos, Toyota diseñó un sistema que incorporaba la idea de «flexibilidad», en particular en cuanto al volumen de producción. Construyeron la fábrica pensando que el volumen podía fluctuar hasta un 30 % respecto a la demanda media. Para hacer frente a esta variación, Toyota no podía realizar grandes inversiones en maquinaria. Observaron que una línea de producción muy automatizada limitaba demasiado el ritmo de la producción: la velocidad de funcionamiento de una máquina no se podía modificar significativamente. Pero empleando una gran cantidad de mano de obra, Toyota sí que podía fabricar con cierta flexibilidad. En los momentos de mucho trabajo, podría asignar más personal a la línea de producción, dividiendo las tareas entre los empleados e incrementando así el flujo de materiales a través de la cadena. Cuando la demanda bajara, aquellos trabajadores se podían reasignar a otras partes de la fábrica sin problemas de funcionalidad.

Para garantizar el uso más eficiente de la mano de obra, se concibió un complicado sistema de planificación. Dado que en la práctica es muy difícil fabricar una sucesión de automóviles muy similares, es importante asegurarse de que la variedad se distribuya uniformemente a lo largo del plan de producción. Por este motivo, los pedidos se agrupan en lotes, y el lote se reorganiza a fin de que se siga la secuencia óptima calculada. Además de esto, queda claro que el ritmo de recepción de los pedidos es el que determina la velocidad de la línea de producción. Por este motivo, los lotes son lo suficientemente grandes como para permitir que la línea sea programada a una velocidad uniforme, admitiendo pequeñas variaciones en el ritmo de producción cuando el proceso pasa de un lote al siguiente.

Toyota, al igual que otros fabricantes japoneses, cree en la estrategia de «tubo cerrado». Ésta consiste en que a partir de una etapa del proceso de fabricación no se contemplan posibilidades de cambios de especificación en la línea con respecto a lo que ya ha sido programado, de modo que un automóvil retirado de la línea no puede ser reinsertado en etapas posteriores. Los motivos más comunes para retirar un vehículo de la línea están relacionados con la corrección de defectos encontrados en el automóvil o bien con la realización de controles de calidad rutinarios. Aunque, intuitivamente, se pueda considerar ventajoso poder hacer esto (sin interferir en la fabricación de otros vehículos), de hecho es una tarea que siempre se espera evitar. Para cada cambio en el plan de producción también han de reprogramarse todos los componentes que deberán montarse después del cambio, lo que requiere una inversión adicional de tiempo y es complicado. Toyota cree que «cerrando el tubo» y respetando rigurosamente el plan de producción original puede garantizar un flujo de materiales continuo en toda la fábrica, y no sólo en la propia línea de producción central.

Además del tubo cerrado, durante el proceso de montaje existe un «tubo virtual» previo a la cadena de montaje. El funcionamiento de este tubo virtual garantiza que los pedidos nuevos entren en un plan de producción unos 15 días antes de que empiece realmente el montaje propiamente dicho. La ventaja de este sistema es que los proveedores reciben un plan de producción concreto de Toyota con una antelación conveniente, lo que les permite actuar de una forma más eficiente, rentable y planificada. Así, la mayoría de los proveedores pueden trabajar con un programa de fabricación contra pedido que les sea rentable y también disponen del tiempo suficiente para escalonar adecuadamente sus entregas de partes a Toyota.

3.2 La estrategia de producción de Volvo

En lugar de fabricar automóviles a través de una línea de producción, como siempre han hecho la mayoría de los fabricantes en serie, Volvo ha experimentado con una estrategia de estilo «taller», que utiliza las llamadas «células de producción». Este sistema consiste en emplear un conjunto de grupos homogéneos de tareas o «células», cada una con un equipo de trabajadores muy cualificados y muy bien equipados, que se responsabilizarán de fabricar el automóvil entero. Volvo tenía varias razones para intentar este estilo de producción, la mayoría de las cuales estaban relacionadas con los recursos humanos. Volvo esperaba que los frutos que recogería al proporcionar a los trabajadores un trabajo más interesante y estimulante se traducirían en un aumento de la calidad, de la eficiencia y del compromiso de los empleados.

En general, en una línea de producción del tipo «convencional», existen pocas oportunidades concretas de motivar a los trabajadores. El trabajo suele ser repetitivo, monótono y poco alentador. Los trabajadores no se pueden sentir orgullosos de su trabajo, ya que suelen pensar que su colaboración personal en cada automóvil es insignificante. Todos sus esfuerzos por trabajar más intensamente para mejorar sus resultados se ven limitados, porque la velocidad de la línea de producción es fija. Si un operario va más deprisa, sencillamente luego se pasa más tiempo esperando. Volvo pensó que agrupando a los trabajadores en equipos y dando a cada equipo más responsabilidad, los empleados podrían sentirse orgullosos y más motivados para desarrollar todo su potencial. Los empleados podrían trabajar como un equipo dentro del grupo de trabajadores con el que les resultara más cómodo trabajar. Haciéndolo así, Volvo esperaba importantes mejoras en cuanto a calidad y eficiencia, por encima de la práctica estándar.

Al analizar una línea de producción convencional, Volvo llegó a la conclusión de que había una cantidad excesiva de trabajo en curso. Aunque una línea de producción eficiente no tiene existencias de reserva, sí que es probable que en el proceso haya varios automóviles sobre los que no se esté trabajando en un momento determinado. Volvo pensó que fabricando los automóviles mediante equipos se podría garantizar que en cada automóvil se realizaran dos o tres operaciones simultáneamente.

Volvo también vio los beneficios de la flexibilidad. Al usarse menos máquinas en el proceso, las células de producción podían adaptarse a cualquier automóvil dentro de la gama de modelos. Las revisiones de cada modelo se podían introducir de forma rápida, y el automóvil se podía fabricar según cualquier especificación sin necesidad de complicadas planificaciones.

Los problemas más importantes por resolver en este modelo de fabricación de automóviles eran los relativos al grado de equipamiento que debían usar las células. Como era antieconómico tener determinadas máquinas de forma exclusiva en cada una de las células de trabajo, se tenían que compartir entre los diferentes grupos. Además, era necesario desarrollar un medio para entregar los materiales a los grupos de trabajo. Esto también implicaba una inversión importante en desarrollo y maquinaria.

En la época del experimento, lo que más le interesaba a Volvo era poder medir el ahorro en los costes derivados de este tipo de producción. Lamentablemente, tal ahorro no se materializó, en parte debido a lo costoso del equipamiento necesario y al grado de formación que se requería de los trabajadores.

Sin embargo, hay que señalar que Volvo quizá no valoró del todo la necesidad de aumentar la flexibilidad de sus fábricas de automóviles ni que una de las ventajas de este tipo de producción es su mayor flexibilidad.

3.3 Nissan (fábrica de Barcelona)

3.3.1 Visión general de la fábrica de Nissan en Barcelona

Nissan Motor Ibérica, SA (en adelante abreviada como «Nissan» o «NMISA») tenía previsto producir en su fábrica situada en la Zona Franca de Barcelona unas 67.000 unidades en 2002 y 110.000 unidades en 2003.

Dado el grado de personalización de los modelos Tino y Terrano, Nissan puede producir en dicha fábrica una enorme cantidad de opciones diferentes de estos automóviles. La fábrica de Nissan en la Zona Franca de Barcelona tiene una capacidad de producción de unas 500 unidades al día. En la actualidad, la fábrica cuenta con tres líneas de producción principales:

— Una para los modelos «Tino».

— Otra para el vehículo «Terrano» 4x4.

— En septiembre de 2002 se puso en marcha otra línea para producir tres modelos de nuevas furgonetas (Nissan «PrimaStar», Renault «Traffic» y Opel «Vivaro»).

En la fábrica trabajan unos 3.500 empleados y los turnos, que dependen de las necesidades de fabricación, pueden ser 2 o 3, o incluso 4 (es decir, turnos extra que incluyen los fines de semana).

3.3.2 Aspectos generales del sistema de dirección de Nissan

a)   *La idea de Nissan sobre cómo alcanzar la producción*

El sistema de trabajo habitual en la fábrica de Nissan es alcanzar la producción planificada basándose en su propia perspectiva de dirección, llamada *Douki Seisan* (abreviado como DS). Esto es: «Producir en cantidad, con una calidad perfecta, en el tiempo planificado y en la secuencia prevista». La meta del DS es seguir mejorando cada vez más la fabricación interna y la cadena de suministros, coordinando y sincronizando la producción entre Nissan y sus proveedores.

El propósito de la implantación gradual del DS es:

1) reducir los tiempos de fabricación,

2) mejorar la calidad global y la eficiencia,

3) reducir las existencias, y

4) reducir los costes de forma global.

Una vez implantado totalmente el DS, Nissan espera no sólo coordinar su logística como hasta ahora (entrega JIT), sino también su producción (producción JIT). Para lograr este objetivo y seguir racionalizando el proceso de producción, Nissan utiliza las herramientas del «Nissan Production Way» (NPW). El DS constituye entonces el objetivo constante del NPW, que intenta sincronizar tanta producción como sea posible dentro de la cadena de suministros. La idea es que Nissan y sus proveedores no fabriquen más piezas de las necesarias antes de recibir un pedido concreto o de tomar la decisión de fabricar un automóvil. El efecto será pasar del sistema de fabricación del tipo *push* al tipo *pull* * en la cadena de suministros.

b)   *Las herramientas del* **Nissan Production Way**

Nissan tiene, en el ámbito mundial, su propia perspectiva de dirección, el NPW. Consiste principalmente en un sistema de gestión de la producción basado en varios conceptos, con el objetivo de mejorar la calidad y la eficiencia de la fábrica. Dichas herramientas están formadas por un conjunto de *know-hows,* aptitudes y sistemas para detectar, prever y eliminar cualquier elemento innecesario o cualquier desperdicio, tanto en el

---

* Sistema de programación de la producción fundamentado en el desarrollo de la distribución comercial, en el que cada uno de sus procesos está dirigido (tirar, *pull)* por el anterior. De este modo, por ejemplo, la demanda real tira de las existencias y éstas, a su vez, actuarán sobre la planificación de la producción.

flujo de producción como en el de suministros. Sintéticamente, estos conceptos son:

— *Genba Kanri* (GK), que es la base de la estructura del NPW.

— *Gestión de la calidad total* (TQM, total quality management), que establece y controla los objetivos anuales en todos los niveles de la plantilla.

— *Mantenimiento preventivo total* (TPM), que aumenta la eficiencia y las aptitudes.

— *Control de calidad estadístico»*(SQC), que facilita el análisis para la detección y la eliminación de defectos, y las acciones que se deben emprender para la mejora continua.

— Para reducir las existencias y los tiempos de fabricación, Nissan ha introducido la *entrega justo a tiempo* (JIT).

La figura siguiente muestra los vínculos entre estos conceptos:

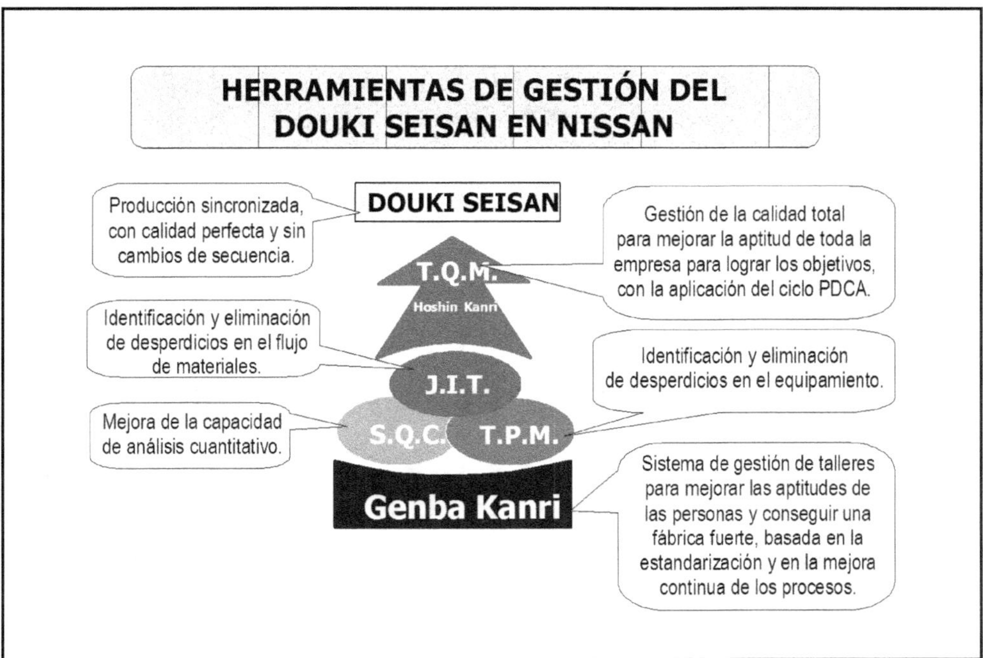

Figura 4. Herramientas de gestión del Douki Seisan *en Nissan.*

c)   El Douki Seisan y el flujo total

La cadena global de suministros, según la concepción del DS, se divide en cinco áreas, niveles o categorías de proveedores (llamados comúnmente *tiers),* y se debe estudiar y desarrollar de una forma ordenada e independiente:

— *Categoría 1*

Es la categoría más importante, y se centra en la cadena principal de fabricación de vehículos (carrocería-pintura-montaje). Esta categoría empieza con el plan de producción real, siempre según los pedidos de los clientes.

— *Categoría 2*

Corresponde a los dos flujos secuenciados (de producción y de suministros) de piezas y unidades fabricadas en otras fábricas de Nissan. En otras palabras, la provisión se hace de acuerdo con el programa real del flujo de fabricación de los vehículos.

— *Categoría 3*

Es similar a la categoría 2, pero las piezas proceden de un proveedor en particular.

— *Categoría 4*

Corresponde al suministro sincronizado de vehículos que sale de la línea de producción final y se dirige hacia el servicio de distribución NDS (Nissan Distribution Service).

— *Categoría 5*

Va desde el centro de distribución hasta la entrega del vehículo.

Todas las categorías, de la 1 a la 5, forman la totalidad de la cadena logística global. Las categorías 2 y 3 corresponden a la cadena logística de suministros, en tanto que las categorías 4 y 5 corresponden a la cadena logística de distribución.

d)   Cerrar el tubo de producción

Según Nissan, la situación ideal del DS reduciría a un nivel mínimo las alteraciones en la producción, el uso de recursos y trabajadores, los movimientos de piezas en el interior de la fábrica y eliminaría casi por completo los desperdicios dentro del proceso de fabricación.

Ante todo, Nissan intenta conseguir que el flujo de vehículos sea como un «tubo cerrado» (cuyos detalles se explicaron anteriormente). Así se garantiza que la secuencia de automóviles que entre en la línea de producción se corresponda totalmente con la secuencia que salga de la misma, y, por tanto, que la secuencia óptima seleccionada por el ordenador sea la secuencia de producción real. El objetivo de Nissan es conseguir gradualmente un cumplimiento al cien por cien de la planificación para el programa DS.

3.3.3 El diseño en Nissan

En general, Nissan considera que las oportunidades para mejorar sus vehículos son mayores en la fase de diseño que en la fase de fabricación. La empresa calcula que las oportunidades de mejora potenciales en la fase de diseño superan el 60 %, mientras que en la de fabricación son inferiores al 7 %. Cuando se diseñan nuevos modelos o nuevas líneas de montaje, Nissan no sólo incorpora todo el bagaje de conocimientos y experiencias previos de modelos anteriores, sino que también cuenta con la experiencia de los clientes. La coordinación simultánea de estas fases, en la que intervienen diferentes áreas de forma paralela, se denomina «ingeniería simultánea».

La tarea de desarrollar diseños innovadores y evaluar la información proporcionada por los clientes al respecto es uno de los puntos clave en el diseño de vehículos en Nissan.

En los últimos tiempos, los estudios de diseño se han convertido en unos recursos vitales para los fabricantes de automóviles, ya que todos se afanan en conseguir que el siguiente vehículo que se idee sea un éxito de ventas y satisfaga las necesidades de transporte del mañana.

3.3.4 El desarrollo de los proveedores

En una época de dura competencia mundial en el sector de los componentes, Nissan ha asignado más recursos a las medidas de *benchmarking* y de evaluación como un medio para hacer más efectiva la ayuda al desarrollo de los proveedores. En Japón, el número total de beneficiados por la ayuda al desarrollo de proveedores de Nissan ha ido aumentando, probablemente debido a la manera más fluida y abierta de comerciar con los componentes en Nissan. Sin embargo, durante los pasados años noventa, la actividad de Nissan con los proveedores se ha visto marcada por una mayor diferenciación en favor de aquellos pertenecientes a la categoría 1, frente al resto de los proveedores.

Por último, podemos resumir las características de las actividades que Nissan tiene en cuenta para la selección y desarrollo de proveedores:

- Hay una estructura interna unificada y un único canal para el desarrollo de los proveedores en toda la compañía, con una contribución mínima por parte de la asociación de proveedores durante los pasados años noventa.

- La clara vinculación del desarrollo de los proveedores al departamento de compras se considera ventajosa para concentrar el interés de los proveedores en hacer mejoras con resultados tangibles. La amplitud de los programas de desarrollo de los proveedores y la apuesta financiera de Nissan por los proveedores principales hace que se consigan mejoras a corto plazo, entre otros beneficios.

- La coordinación interfuncional dentro de Nissan, en particular con el departamento de desarrollo de productos y el de garantía de calidad, es necesaria por el extenso contenido de la actividad de desarrollo de proveedores, y se ve facilitada por la proximidad geográfica de estos departamentos, todos ellos situados en el Nissan Technical Centre.

- Nissan efectuó en los primeros años de este siglo una importante inversión en el desarrollo de medidas de diagnóstico y evaluación, considerando que son indispensables para que el desarrollo de los proveedores sea efectivo. Las medidas tratan exhaustivamente numerosas áreas (QCDD) y numerosos niveles (componentes, fábrica y empresa). Y lo que es más importante, no están centradas únicamente en los resultados, como en la mayoría de los ejercicios de *benchmarking*, sino que también contemplan los procesos y la sostenibilidad de dichos procesos.

3.4　PSA: Peugeot y Citroën (fábrica de Madrid)

3.4.1　Aspectos generales de la fábrica

El Grupo PSA Peugeot-Citroën tiene en la actualidad dos fábricas en España, una en Madrid y otra en Vigo (Pontevedra). La fábrica de Madrid se encuentra cerca de las autopistas M-30 y M-40, y también dispone de un ramal ferroviario que pasa por ella. La historia de la fábrica se remonta a 1952, cuando la compañía Barreiros fabricaba motores diesel y vehículos industriales. Desde 1963, la compañía comenzó a operar con Chrysler para producir automóviles y, en 1970, esta última compró Barreiros. La fábrica pasó a ser propiedad de PSA cuando Peugeot se hizo cargo de las operaciones de Chrysler en Europa, en 1978. Actualmente, el grupo trabaja en una modalidad «multimarca», es decir, Peugeot y Citroën.

Si bien el control y la dirección de las fábricas están centralizados en Francia, cada fábrica tiene su autonomía. Además de producir automóviles, el Centro de Madrid también brinda apoyo en materia de servicios posventa. En 2001, la fábrica produjo unos 151.000 automóviles, un 9,15 % menos que en 2000. Durante nuestra visita a la planta, la producción estaba concentrada principalmente en tres modelos: el C3, el C3 Pluriel (éste en exclusiva para todo el mundo) y el Citroën Xsara.

3.4.2　Estrategia de fabricación de PSA

La estrategia global de PSA es la de ofrecer al mercado un alto grado de variedad de modelos cada vez más deprisa. Para conseguirlo, PSA cuenta actualmente con cuatro plataformas (una en cooperación con Fiat para vehículos monovolumen), de las que se obtienen varios modelos. La estrategia global de fabricación se basa principalmente en la estrategia de plataformas. Al tener separadamente las dos marcas, cada una con una fuerte personalidad propia, y redes comerciales independientes, la empresa ha tratado de basar su estrategia en lanzar al mercado la mayor cantidad de modelos con la menor cantidad posible de plataformas. PSA produce varios modelos diferentes de automóviles empleando una sola plataforma, de modo que cada modelo pueda competir en distintos segmentos del mercado.

En PSA el concepto de plataforma se entiende como el formado por «todos aquellos componentes del automóvil que no son inmediatamente visibles por el consumidor final». En este sentido, el motor, la caja de cambios, la suspensión, el chasis, el piso y los sistemas eléctricos y electrónicos forman parte de la plataforma, entre otros elementos. Actualmente, las fábricas de Madrid y Vigo trabajan con dos plataformas cada una. Para una misma plataforma, el concepto de fabricación de PSA es que alrededor del 60 % de los componentes sean comunes en una misma plataforma y en los distintos modelos. Desde el punto de vista del mercado, con una misma plataforma y con un gran porcentaje de piezas en común, pueden fabricarse varios modelos muy distintos. De este modo, PSA está capacitada para diseñar automóviles que resulten atractivos para el mercado, con bajos costes de lanzamiento.

El diseño de nuevos productos se basa principalmente en la estandarización, pero manteniendo cada uno una clara diferenciación, así como un atractivo y una personalidad propios. Esta estrategia de compartir componentes entre los distintos modelos reduce la variedad operacional y facilita, por tanto, el tratamiento de las distintas gamas de productos y la flexibilidad en las operaciones. De igual modo, PSA reduce la complejidad mediante el agrupamiento de las características que el cliente final puede realmente pedir en cuanto a las especificaciones del vehículo. Desde este mismo punto de vista, PSA suele emplear alrededor de 118 semanas en desarrollar un nuevo vehículo, hasta que los vehículos de la primera serie salen de la línea de producción, ya completos. En los próximos tres años, el grupo PSA tiene previsto lanzar unos veinticinco nuevos modelos a partir de esta estrategia de fabricación y diseño.

3.4.3 Mano de obra y flexibilidad en el volumen

Actualmente, la fábrica de PSA en Madrid funciona con dos turnos. En cuanto a la flexibilidad en el volumen de producción, la política adoptada consiste en cambiar la cantidad de horas laborales, y no en modificar la cadencia de la línea de producción.

Si fuera necesario, también se puede trabajar en sábados y domingos, así como activar un tercer turno, lo que permite aumentar la producción diaria de 16 a 22 horas (dos horas son fijas, necesarias para tareas de mantenimiento). Esta introducción conlleva una intensa planificación, y se necesitan de cuatro a seis meses para implantar este tercer turno de forma adecuada. Para este turno adicional es necesaria una contratación de personal temporal, lo que también conlleva una fuerte inversión por parte del área de Recursos Humanos, en cuanto a la selección y la formación específica del personal involucrado. El período necesario para implantar esta acción no suele ser inferior a los cuatro meses. El promedio de edades de los trabajadores del centro de Madrid es de alrededor de 48 años. El tercer turno se puede utilizar como una oportunidad de promoción a los dos primeros turnos en caso de haber puestos disponibles. Normalmente, el 75 % de los trabajadores del tercer turno tienen una relación laboral de una duración determinada.

En el centro de Madrid no existen grandes problemas al introducir el tercer turno. Por experiencias anteriores, se ha comprobado que el personal que se ha incorporado (compuesto, aproximadamente, por un 40 % de mujeres) está adecuadamente motivado y se presta con empeño a la formación continua.

Puede decirse que la flexibilidad del centro de Madrid es relativamente grande. Cuando la demanda del mercado ha indicado la necesidad de un menor volumen de producción, siguiendo las vías y autorizaciones que la ley establece para estos supuestos, la empresa ha tomado la medida de poner en marcha expedientes de regulación de empleo. En los últimos años, sin embargo, no ha habido necesidad de utilizar este recurso. De este modo, el centro siempre se ha sabido adaptar a las demandas del mercado, atendiendo al mismo tiempo al personal de forma adecuada.

En los sucesivos convenios colectivos, por otra parte, se han pactado medidas que permiten una flexibilidad al alza y a la baja, con el fin de evitar, en la medida de lo posible, el recurso a este tipo de expedientes. En este sentido, se han pactado las siguientes posibilidades:

1. Disfrutar las vacaciones y los días de permiso de manera colectiva (con paro de las instalaciones) o de manera individual (con contrataciones para sustituir a los que están de vacaciones), lo que evita el paro de las instalaciones.

2. Realizar sábados de producción cuando la demanda existente en el mercado lo haga necesario.

3. Trabajar con una jornada «interanual», pudiéndose trabajar más o menos horas en un año, compensando la jornada de aquel año con la del siguiente o la del año anterior, para poder adaptarse al máximo a las necesidades comerciales.

4. Realizar contrataciones indefinidas a tiempo parcial, con un máximo del 60 % en horas complementarias adicionales, que se pueden solicitar al trabajador o no, según las necesidades que existan en cada momento.

5. Realizar una jornada irregular, fundamentalmente en el turno de noche, pudiéndose trabajar algunos meses más horas y otros menos, según las necesidades del mercado, respetando el cómputo global de jornada anual.

3.4.4   Flexibilidad en el *mix* de productos

Concediendo la mayor importancia a compartir recursos del proceso de fabricación entre los modelos, el centro de Madrid parece tener una rápida respuesta ante los cambios en el *mix* de sus productos. El principio que se sigue para el equilibrio y la programación de la línea de producción es el mismo que se mantiene en la mayoría de los fabricantes: determinar una secuencia fija y ejecutarla sin cambios, de modo que se minimicen los tiempos de espera en el contexto del proceso.

El centro de Madrid tiene una sola cadena de montaje final, que se puede utilizar para todos los modelos producidos en la fábrica. En esta última parte del proceso, los límites en el *mix* de productos están determinados por la complejidad del flujo de materiales y las posibilidades de los trabajadores.

Igual que el resto de los fabricantes, PSA realiza previsiones en un horizonte de unos seis meses, que se van haciendo más afinadas a medida que se acerca la fecha de producción. Para llevar a cabo la producción planificada, la cadena trabaja según un esquema del tipo «tubo cerrado», de igual concepción y funcionamiento que en los fabricantes japoneses, en el que la producción se fija con seis días de antelación. Esto permite a la fábrica llevar un plan por adelantado y brindar a los proveedores suficiente antelación en cuanto a las necesidades de producción del futuro próximo.

3.4.5 Modularidad

PSA no ha desarrollado de forma extensiva el concepto de incorporar al proceso productivo subconjuntos con un alto valor añadido o «módulos», o por lo menos en el sentido que tienen Seat, Ford y Smart. Los módulos que maneja PSA son en sí mismos de menor tamaño que, por ejemplo, los utilizados en Ford. Así, mientras que PSA considera como módulo un radiador, en el caso de Ford se considera como módulo toda la parte frontal del vehículo. En el primer caso existe menor variabilidad entre los módulos que en el caso del segundo fabricante.

3.4.6 Carrocería y soldadura

En esta parte del proceso se evidencia un alto grado de automatización, mientras que en la última fase de la línea de montaje final predomina la intervención manual. Este alto nivel de tecnología, que utiliza principalmente robots y bastidores automáticos con herramental propio, permite manejar de modo eficiente una amplia variedad de vehículos durante la fabricación y soldadura de las carrocerías, con lo que la complejidad de esta parte del proceso es muy grande.

Sin embargo, PSA no parece haber tomado la decisión de diseñar sus vehículos pensando en maximizar las eficiencias en el proceso de soldado, de la forma en que lo hace, por ejemplo, Ford. En este sentido se ha incrementado la flexibilidad en el diseño, aun incurriendo en una política de no óptima utilización de estos equipos.

3.4.7 Montaje final

En esta parte del proceso predomina el uso del trabajo manual frente al automatizado. Debido a que la planta dispone de espacio suficiente, este hecho se aprovecha para utilizar más componentes individuales, con lo cual no se emplean módulos de subconjuntos armados. La cadena en sí misma es muy parecida a la de Nissan, con un gran número de personas que desarrollan tareas similares en distintas partes del vehículo. PSA está en condiciones de hacer esto porque una gran parte del vehículo es similar entre distintos modelos. Lógicamente, la carrocería del vehículo en sí misma es diferente, pero el proceso es parecido. Por ello, el grado de complejidad al planificar la secuencia tiene en cuenta la prevención de confusiones entre los propios operarios, y la fábrica tiene la capacidad de manejar una combinación de diferentes modelos al mismo tiempo.

3.4.8   Gestión de la cadena de suministro

Aunque PSA no tiene un parque de proveedores como parte de sus operaciones logísticas, algunos de ellos sí se encuentran en las proximidades de la fábrica. Varios componentes clave, como por ejemplo los motores, se proveen desde Francia. En términos generales, PSA obtiene la mayoría de sus componentes basándose en un suministro JIT a través de proveedores situados en España y en Francia. Como medida preventiva ante la posibilidad de cortes de ruta y otros posibles incidentes que puedan detener el flujo de materiales a la fábrica, el grupo tiende a contratar a sus proveedores en localizaciones cada vez más cercanas a la fábrica. Al mismo tiempo, en la medida de lo posible, también trata de tener cada vez menos proveedores de componentes.

El grado de integración de los proveedores en el diseño de los vehículos es muy importante en el grupo. PSA les proporciona información acerca del diseño del vehículo: «Aquí está el estilo y la carrocería del automóvil»; y los proveedores participan luego en el diseño de componentes y módulos.

3.4.9   Control de calidad en tiempo real

La fábrica de Madrid ha desarrollado hace unos años un sistema de control de calidad que hoy se utiliza en todas las fábricas del grupo. Dicho sistema brinda un control de la calidad en tiempo real del proceso de fabricación: cada vehículo posee un registro propio en el que se van indicando todas las deficiencias ocurridas a medida que pasa por las distintas etapas, en el caso de que existan y con la finalidad de que el automóvil llegue en perfecto estado al cliente, reflejando tanto los defectos como los elementos faltantes. De este modo, cada vehículo pasa sin defecto alguno desde una «unidad elemental de producción» (UEP) a la siguiente. En todo caso, para asegurar aún más la calidad, este sistema también se utiliza para identificar aquellos vehículos que, excepcionalmente, necesitan reparaciones o bien ser completados y terminados fuera del proceso de producción normal, así como para desarrollar un control estadístico del proceso y la introducción de todas las mejoras que sean necesarias. Con este sistema se asegura que todos los automóviles lleguen a los clientes en perfecto estado de calidad. El grupo cree que la utilización de este sistema le confiere una ventaja competitiva significativa en el sector.

3.4.10 Algunas tendencias

En el grupo se piensa, al igual que hacen otros fabricantes, que hay una tendencia a «modularizar» más el suministro de componentes y también a desarrollar sus propios parques de proveedores. Por otro lado, su estrategia también se basa en una mayor concentración de esfuerzos en el control de los aspectos clave del negocio (por ejemplo, motor, chapa y logística). La clave del negocio en el grupo reside en mantener el liderazgo en el diseño de vehículos y en compartir procesos y componentes entre los modelos.

3.4.11 Fabricación contra pedido

El centro de Madrid no tiene contacto directo con los concesionarios ni con los clientes finales, al menos en un sentido de programación específica de entregas a partir de los pedidos que ellos realizan. Todos los pedidos se transmiten a través de la oficina central en Francia. Por tanto, no se manejan cifras relativas al porcentaje de vehículos producidos para clientes particulares.

La política del grupo en cuanto al tiempo de fabricación apunta a que las fábricas sean capaces de enviar un vehículo terminado en un plazo de veinticinco días desde la recepción del pedido. El tiempo neto de producción es del orden de los ocho días (seis días en la cadena «virtual» y dos días de fabricación en la línea de producción propiamente dicha).

3.4.12 Gestión de los recursos humanos

El total de empleados en el centro de Madrid asciende a unas 3.357 personas, con aproximadamente el 75 % de ellas trabajando en las cadenas de producción. Los operarios de la cadena de montaje final están divididos en grupos de trabajo mediante las ya descritas UEP. La organización de sus actividades es bastante horizontal, con «responsables de unidad» (RU) que tienen a su cargo de 30 a 40 operarios, aproximadamente, así como «monitores» con unos 15 operarios a su cargo, y que hacen las veces de coordinadores y facilitadores. Cada responsable de unidad depende jerárquicamente de un «responsable de grupo» (RG), quien a su vez depende de la persona que está a cargo del nivel más alto para tales funciones, que es el «director de la unidad de responsabilidad» (UR).

PSA tiene un programa voluntario de mejora para las UEP que premia a los empleados por las buenas sugerencias y por las mejoras implantadas.

Las políticas de gestión de recursos humanos están parcialmente descentralizadas. Las UEP manejan las tareas rutinarias diarias (programación de la producción, capacitación, reemplazos, etc.). El centro de Madrid está introduciendo un sistema de «supervisión activa», en el que los directores de UR realizan tareas de supervisión de los RG. Éstos, a su vez, supervisan a los RU; los que a su vez supervisan a los operarios. Todo ello mediante un estudiado sistema que garantiza la profesionalización, eficacia y homogeneización del proceso para todos los niveles implicados. De hecho, este sistema sólo se aplica previo proceso de formación de los implicados, el cual se asegura en las primeras fases mediante un seguimiento personalizado de su aplicación. La perennización del proceso también se asegura posteriormente mediante auditorías periódicas. Esta supervisión comprende tres grandes dimensiones: calidad, mejoras y gestión e integración del equipo de personas que dependen de cada responsable.

3.5 Ford Motor (fábrica de Valencia)

3.5.1 La fábrica

La fábrica de Valencia es el mayor centro de producción de Ford en todo el mundo. Se construyó en 1975 y está situada en Almussafes, justo en las afueras de la ciudad. En total trabajan en ella 7.000 empleados, divididos entre la fabricación de automóviles (5.000 personas) y el montaje de motores (2.000 personas). En 2001 la producción fue de 318.423 vehículos y 333.683 motores.

Esta fábrica fue pionera en la estrategia de disponer de un parque de proveedores, ya que muchos de ellos se encuentran en un polígono industrial de 660.000 m² contiguo a la misma. Mediante un proceso de ampliación, dicho parque contará con una superficie adicional de 700.000 m².

Ford utiliza esta fábrica para la producción de sus automóviles más pequeños: los modelos Ka, Fiesta, Focus y un Mazda. En estos cuatro modelos intervienen tres plataformas diferentes y se fabrican simultáneamente en las mismas cadenas de producción, lo que constituye un buen ejemplo de la estrategia empleada por Ford que comentamos a continuación: la estrategia «flex».

3.5.2 El *Ford Production Way* y el concepto «flex»

En los últimos diez años Ford ha dedicado mucho tiempo y recursos a la creación del concepto «flex», fomentando una clara comprensión del significado de
la flexibilidad en un entorno de fabricación y tomando las medidas oportunas
para conseguirla. Ford se ha comprometido tanto con este concepto, que ahora
ya no tiene opción de volver al método de fabricación anterior.

Ford se ha concentrado en la flexibilidad en cuanto a la combinación de productos y a los costes de lanzamiento asociados. La empresa cree que producir
un solo modelo en cada una de sus fábricas (o «producción dedicada») constituye una estrategia demasiado arriesgada, ya que la producción tendría que fluctuar mucho para seguir el ritmo de la demanda.

Ford está decidida a aumentar el número de modelos que se pueden fabricar
alrededor de una plataforma, así como a incrementar el número de plataformas
que se pueden crear en cada fábrica. El objetivo actual es construir dos plataformas diferentes en cada fábrica, con tres o cuatro modelos en cada plataforma.
De esta forma cada fábrica podría producir entre seis y ocho modelos diferentes. Sin embargo, un aspecto fundamental del concepto «flex» es la posibilidad
de fabricar estos automóviles simultáneamente en las misma líneas de producción. Mediante esta estrategia, Ford pretende equiparar el *mix* de producción
frente a la demanda real de los diferentes vehículos.

Los motivos principales para poner en práctica el concepto «flex» son:

a) *Optimizar la utilización de los recursos* disponibles en la fábrica (el personal y
   la maquinaria).

b) *Fabricar lo que pide el mercado*. Produciendo una gama de automóviles en cada
   fábrica, Ford puede garantizar que se aprovechan todos los recursos existentes para fabricar algo que ya tiene un mercado disponible.

Ford también pretende reducir el ciclo de vida de sus productos. Para hacerlo se ha propuesto crear nuevos modelos en las líneas de producción existentes,
sin una necesidad significativa de modificación del herramental necesario, ni de
incurrir en nueva formación de sus operarios ni de inversiones adicionales.

Con su concepto, Ford ha ido más allá de la flexibilidad para permitir cierta
superposición de la producción de sus vehículos en sus diferentes fábricas. De
esta forma, Ford no sólo dispone de flexibilidad dentro de cada fábrica, sino que

también la tiene entre fábricas. Esto le permite poner en común todos sus recursos, con el fin de garantizar que una fábrica en particular no tenga sobrecarga de trabajo mientras que a otras les sobre capacidad.

Sin embargo, Ford no tiene una respuesta sencilla frente al problema de la flexibilidad en el volumen dentro de sus fábricas, si bien está convencida de que debido a su mayor flexibilidad en el *mix* de productos tiene menos necesidad de flexibilidad en el volumen. Produciendo toda una gama de vehículos, la exposición a las fluctuaciones de la demanda en el mercado es menor: es más fácil predecir la demanda en general que la demanda de cada modelo en particular.

Ford entiende que hay diferentes niveles de flexibilidad y que más aumentos en la flexibilidad traerán costes mayores. Los diferentes niveles de flexibilidad identificados por Ford son:

a)   Flexibilidad en las especificaciones

Es el nivel de variedad que la línea de producción puede introducir en cada automóvil; es decir, qué variedad de especificaciones puede ofrecer el fabricante de automóviles. Ejemplos de ello lo constituyen particularidades como los techos corredizos, el aire acondicionado, etc. Ésta es la flexibilidad que el cliente percibe.

b)   Flexibilidad en los modelos

Es la capacidad para fabricar vehículos de modelos diferentes con una sola plataforma.

c)   Flexibilidad en las plataformas

Es la capacidad para fabricar no sólo vehículos de modelos diferentes, sino también plataformas diferentes en una misma fábrica, lo que conduce a una mayor variedad de opciones en la fabricación.

Ford tiene la intención de convertir las instalaciones de su planta de Valencia en una auténtica fábrica de «nivel 3», en la que se podrá fabricar un gran número de modelos diferentes y cambiar la combinación de productos día a día. Es evidente que Ford no ha logrado todavía la idea de fábrica flexible que espera conseguir. Éste es un proceso que requiere muchos años de inversión, desarrollo y formación.

Distribución de las líneas de producción de Ford

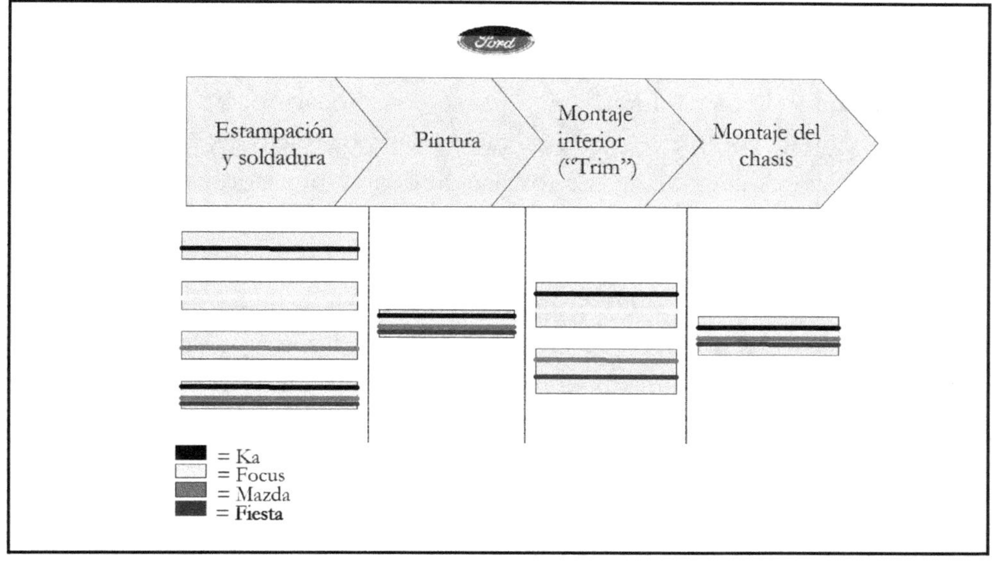

Figura 5.

3.5.3 Concepto de Ford de las líneas de producción totalmente flexibles

Implantación total del concepto «flex»

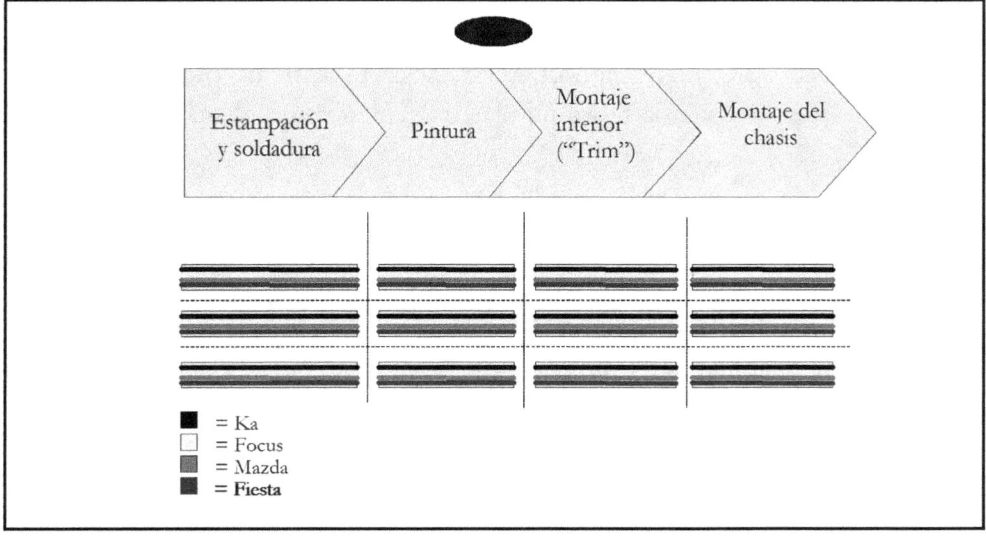

Figura 6.

La flexibilidad tiene algunos inconvenientes en los que Ford está trabajando. En primer lugar, la utilización de la capacidad se ve reducida, ya que resulta difícil fabricar más automóviles con un flujo de materiales que sea también continuo. Además, hay cierta tendencia a que se produzca una inactividad periódica de maquinaria y personal durante el proceso de fabricación. En segundo lugar, el sistema es más complejo, con más variedad de operaciones diferentes en el proceso y mayores necesidades de formación de los trabajadores.

Actualmente, aunque la fábrica puede producir diferentes plataformas, Ford se limita a fabricar sus automóviles de una manera genérica. Se han diseñado con una arquitectura muy similar y, por tanto, el proceso de fabricación es parecido para cada vehículo. Esto reduce la complejidad derivada de fabricar diferentes plataformas en la misma línea de producción. El nivel ideal de flexibilidad permitiría, por ejemplo, fabricar dos automóviles muy diferentes en la misma línea de producción, que es lo que Ford espera lograr en un futuro próximo.

Principalmente, Ford consigue la flexibilidad descrita a través de:

a) la automatización,

b) la modularidad,

c) el diseño de productos, y

d) la gestión de la cadena de suministro.

El nivel auténtico de la flexibilidad varía en diferentes puntos de la producción. Por ello, en la implantación de la estrategia Flex, para Ford constituye un reto priorizar las áreas de la fábrica en las que la inversión es más necesaria.

3.5.4 Automatización

Para Ford, la automatización es la clave para conseguir la flexibilidad en la fabricación. El uso racional de la tecnología ha hecho posible y asequible diseñar y construir robots multifuncionales adaptables. Estos robots, si son programados correctamente y se les dota del equipo apropiado, son capaces de realizar prácticamente cualquier operación con la máxima eficiencia.

El nivel de utilización de las máquinas que tiene la planta de Ford en Valencia es realmente muy elevado, si bien muchas partes del proceso siguen siendo en gran medida manuales, como la preparación de los módulos de las puertas. Al igual que todos los fabricantes, Ford ha adoptado un proceso de mejora continua que le permite cambiar los procesos siempre que lo considere necesario. La empresa afirma que las máquinas no suponen una limitación para cambiar o mejorar los procesos.

La tecnología de los robots adaptables ha sido posible gracias al uso de programas informáticos con un alto grado de complejidad. Las dimensiones y las características generales de todos los automóviles fabricados se encuentra disponible en los robots cada vez que se hace necesario fabricar tal o cual modelo. Cada automóvil se sitúa sobre una bandeja metálica que el robot utiliza para obtener los puntos de referencia para el exacto posicionamiento del vehículo en relación con la máquina. El robot sabe qué tipo de vehículo está colocado frente a la máquina gracias a un sistema electrónico de identificación que lleva consigo el automóvil, lo que permite al robot «conocer» las operaciones que se deben realizar en el mismo. Esto sólo funciona, de momento, para el diseño genérico del automóvil. Por ejemplo, las soldaduras que unen dos paneles de la carrocería deben ser similares en número y configuración, a fin de evitar la inactividad periódica de algunas máquinas de la línea de producción y garantizar un ciclo de tiempo uniforme.

La información de los nuevos modelos que se van incorporando al *mix* de producción de la fábrica se puede introducir fácilmente en la maquinaria existente, lo que permite reducir espectacularmente los gastos de inversión para un nuevo modelo, así como el tiempo de inactividad necesario para el desarrollo. Además, usando robots similares en todos los procesos de la fábrica, Ford puede aprovechar los conocimientos adquiridos en modelos anteriormente producidos, con lo que resulta más barato y menos arriesgado seguir automatizando las instalaciones.

3.5.5 Modularidad

Para permitir una mayor variedad en la etapa de montaje del automóvil, la complejidad asociada a la fabricación de este nivel de variedad se ha subcontratado. Ford emplea extensamente la modularidad en todo el proceso de producción. Los módulos usados en la fábrica de Valencia son:

— Parachoques frontales y traseros.

- Sistema de frenos.

- Módulo de suspensión frontal.

- Sistema eléctrico.

- Equipo de aire acondicionado.

- Cristales.

- Sistemas de alumbrado.

- Techo interior.

- Cuadro de instrumentos.

- Transmisión.

- Módulo de suspensión trasera.

- Asientos.

- Columna de dirección.

- Interior de la carrocería.

- Ruedas.

Ello no obstante, para Ford, modularidad no significa necesariamente sub-contratación (aunque la mayor parte de los módulos se compran a proveedores). Los módulos de las puertas se montan internamente, retirando del vehículo el panel de la puerta ya pintada, que se envía a otra línea de producción en la que se montan sus distintos componentes, para luego introducirlo de nuevo en la línea de producción principal.

La mayor parte de los módulos los fabrican los proveedores (situados a tal efecto en un parque en el predio fabril), y luego se envían a la fábrica mediante un sistema transportador. Normalmente, la señal para iniciar la producción en estos módulos se da cuando el automóvil ha salido de la sección de pintura y se introduce en la secuencia de suministro a línea. De esta forma, los módulos principales se fabrican según un sistema tipo *pull* con el resto del automóvil, lo que garantiza una línea de suministros continua y sin acumulación de *stocks* a pie de línea.

Ford también concibe que el uso de la modularidad debe diseñarse dentro del automóvil desde su lanzamiento. Esto supone otra restricción a que Ford pueda fabricar automóviles con arquitectura genérica en cuanto al diseño de los módulos y la definición de puntos de posicionamiento para procesos automatizados.

3.5.6 Gestión de la cadena de suministro

La mayoría de los proveedores clave de Ford se encuentran en el parque de proveedores y realizan la producción o el montaje secuencialmente. La secuencia se transmite electrónicamente cuando los automóviles han pasado la etapa de pintura y se introducen en la secuencia principal de producción.

En cuanto al desarrollo de proveedores, cuando se diseña un vehículo nuevo, Ford asigna un valor a cada pieza y luego negocia con los proveedores su forma de suministro.

3.5.7 Planificación y programación de la producción

Ford prepara sus previsiones de ventas para seis meses, que luego comunica a los proveedores unos cuatro meses antes de la fabricación, en forma de previsión de «intención» que estará sujeta a actualizaciones. Esta previsión no es vinculante sino más bien orientativa: el volumen, la combinación de productos y el *mix* aún se pueden cambiar. Dos semanas antes de la fabricación, Ford comunica a los proveedores un plan de producción más preciso. A partir de entonces, el volumen y el *mix* de productos no se pueden cambiar. Las especificaciones de los automóviles no se fijan sino hasta cinco días antes de la fabricación. Aunque el color se podría cambiar incluso el mismo día de fabricación, Ford sólo permite cambios de color hasta tres días antes del inicio de la misma.

3.5.8 Flujo de materiales

Dado que el edificio de la fábrica tiene veinticinco años de antigüedad, Ford entiende que la distribución actual no es la óptima para las técnicas de fabricación modernas (por ejemplo, no como lo es la fábrica de Smart). Por tanto, el flujo de materiales dentro de la fábrica es relativamente complicado, con un elevado número de movimientos de componentes en su interior.

La construcción del vehículo empieza cuando se sueldan los paneles de la carrocería. Ford cuenta con tres líneas de producción independientes para esta etapa, con varios niveles de flexibilidad entre las mismas. Incluso en esta etapa se considera que los automóviles se están fabricando según una estrategia tipo *pull,* dejándose poco espacio para las existencias de reserva a pie de línea.

Una vez soldados, los automóviles entran en la línea de producción y pasan por un taller de pintura. Reunir los automóviles procedentes de cuatro cadenas en una sola requiere un sistema que tenga un alto grado de coordinación. Posteriormente, las carrocerías pintadas entran en una nueva secuencia, dividiéndose en otras dos líneas para la mayor parte del proceso de montaje, antes de volver a coincidir nuevamente en la línea de producción final.

Los componentes se recogen desde el extremo de un sistema de cadena transportadora procedente del parque de proveedores. Los módulos más voluminosos se reciben JIT y en la secuencia adecuada (JIS, o *just in sequence*). En cuanto a las cajas que contienen componentes más pequeños, las mismas se encuentran a pie de línea y se vuelven a llenar cuando se hace necesario. Ford emplea para este proceso un sistema «inteligente», en el que un operario indica en un ordenador que le faltan existencias en determinada estación de trabajo, a fin de que una carretilla elevadora de horquilla pueda entregar a tiempo el material requerido. Muchos de estos componentes se montan a mano, mientras que otros, en especial los de mayor tamaño y peso (como los parabrisas o los asientos), los monta un robot.

Dentro del parque de proveedores, Ford dispone de un centro logístico responsable del movimiento de mercancías en la fábrica. Los proveedores que no se encuentran en el parque de proveedores entregan sus mercancías al centro logístico, que luego es el responsable de secuenciar y distribuir los componentes. La naturaleza de la fábrica «flex» aumenta la necesidad de que los proveedores estén lo más cerca posible de la misma, lo que indica la necesidad de un parque de proveedores mayor.

Los componentes entregados mediante el sistema transportador pasan a unos depósitos de almacenamiento (o *racks*) construidos para este fin. Cuando se entrega un *rack* nuevo a un operario de fabricación, se devuelve al proveedor el anterior *rack* vacío, a través del mismo sistema transportador, para que lo vuelva a llenar.

Como ya se ha dicho, el nivel de flexibilidad varía de un lugar a otro de la fábrica. En el taller de carrocería, por ejemplo, hay tres líneas de producción diferentes para la operación de soldadura. En este caso, dos de ellas son flexibles en cuanto al *mix* de productos, si bien en el momento de realizar nuestra visita se dedicaba una línea al modelo Fiesta. El mayor nivel de flexibilidad se produce en la etapa de montaje final: es atinado indicar que en esta etapa del proceso de fabricación no existen dos automóviles que tengan exactamente las mismas especificaciones. Aquí, la línea de producción se divide en dos para dar tiempo a instalar los componentes interiores del vehículo. El tiempo de ciclo para fabricar el automóvil en una única línea de producción sería inviable para muchas de las operaciones necesarias. Esto también permite a Ford reducir la complejidad del flujo de materiales de los diferentes componentes, ya que una única línea de producción quedaría saturada de materiales.

3.5.9 Fabricación contra pedido

Ford fabrica aproximadamente el 20 % de sus automóviles según los pedidos de los clientes finales y tiene la intención de aumentar este porcentaje. El tiempo transcurrido desde que se efectúa un pedido hasta la entrega depende de los módulos y del país de entrega. Actualmente, la media europea para todos los modelos es de 45 días.

En principio, Ford intenta fabricar todos sus automóviles contra pedido, y procura que los vehículos ya queden asignados a la red de concesionarios o a la secuencia de producción para nuevos clientes antes de empezar con un nuevo vehículo «fabricado a propósito». Permitiendo algunos cambios en las especificaciones antes de la fabricación (como el color) y fabricando un gran volumen de vehículos, Ford puede adaptar normalmente un automóvil al pedido de un cliente y también al plan de producción.

Ford también vende muchos automóviles a los mercados de alquiler y de flotas de vehículos, con lo que puede fabricar algunos de sus vehículos según unas especificaciones estándar, consciente de que podrá venderlos.

Aunque el porcentaje de automóviles fabricados contra pedido sea relativamente bajo, el proceso de producción de la cadena de suministro se basa en una estrategia tipo *pull*. Todos los proveedores situados en el parque de proveedores fabrican contra el pedido concreto que reciben de Ford. Cuando un automóvil sale de la fase de pintura y del consiguiente control de calidad, pasa a la secuencia de montaje final. Se envía entonces un mensaje electrónico a los proveedores involucrados, confirmando las especificaciones del automóvil (en relación con el plan de producción establecido cinco días antes de la fabricación). Ford tiene un cumplimiento de la planificación medio de alrededor del 93 % aproximadamente.

3.5.10 Recursos humanos

El personal de fábrica está dividido en equipos y subsecciones. Cada equipo recibe un conjunto de objetivos de rendimiento que corresponde a los objetivos para su sección. Dichos objetivos deben coincidir con los del conjunto de la fábrica en general y, asimismo, con los de la empresa. De esta forma, Ford puede conciliar los objetivos de rendimiento de la empresa al más alto nivel con los que tienen lugar en el taller de la fábrica. A cada grupo en particular solamente se le especifican los objetivos que le corresponden, a fin de que se pueda centrar en los requisitos necesarios.

Ford subraya la importancia de los planes de mejora de los empleados y la dedicación a ellos, haciendo que sea obligatoria la asistencia a las reuniones, dos veces por semana. Si se detectan posibilidades de mejora, pueden ponerse en práctica libremente.

3.6 Seat (fábrica de Martorell)

3.6.1 Estrategia de mercado

Una forma razonable de entender la forma en que SEAT realiza las operaciones en su fábrica de Martorell es partiendo del marco del grupo VAG. Gran parte de la estrategia de producción se ha visto considerablemente influenciada por la filosofía imperante en Wolfsburg, en donde se encuentra la sede central. El grupo abarca un gran número de marcas, entre las que se encuentran Volkswagen, Audi, Skoda y Seat.

Una de las características por las que se conoce a este grupo de automoción es que muchos de los modelos comparten una misma plataforma desde el punto de vista constructivo. La más usada es la plataforma Golf, que se emplea con automóviles tan diferentes como los modelos Skoda Octavia, Volkswagen Beetle, Seat León y Audi TT.

El grupo emplea técnicas de gestión de marcas para asegurarse de que haya poca superposición entre las diferentes marcas y que los clientes no se pasen a modelos más baratos con componentes similares. Seat emplea esta estrategia para reducir costes y complejidad a escala mundial. Compartiendo el máximo número posible de componentes mecánicos en toda la gama de modelos y a una escala relativamente grande, el grupo puede ofrecer una amplia variedad de vehículos, con unos costes de inversión relativamente bajos y con un alto nivel de calidad.

Otros aspectos de esta influencia se derivan de la forma en que se realiza el diseño en la fábrica. En las instalaciones de Martorell, construidas especialmente para Seat en 1992, la empresa utilizó los diseños y estrategias que ya se aplicaban en Wolfsburg. Muchas de las máquinas y las herramientas de la fábrica son idénticas a las de otras fábricas del grupo. De esta forma, el grupo puede poner en práctica su estrategia de producción a escala mundial y aprovechar los conocimientos adquiridos en una fábrica para mejorar otra.

La filosofía general de producción del grupo es crear una gama de modelos lo más variada posible alrededor de una plataforma única. Cada fábrica sólo produce un máximo de dos plataformas, pero a partir de las mismas se pueden fabricar muchos modelos diferentes.

Esta fabricación de modelos diferentes en la misma línea de producción permite a Seat variar de forma drástica la combinación de productos y, por consiguiente, adaptarse a la demanda del mercado de manera flexible. Al mismo tiempo, la estrategia de plataforma permite conservar convenientemente las características comunes desde el punto de vista del proceso y, por otro lado, conserva la diferenciación de productos de forma atractiva para los ojos del cliente.

3.6.2 Montaje

Para producir una gama de modelos tan extensa en una sola fábrica se requiere una línea de producción multimodelo, en la que se puedan fabricar una gran variedad de vehículos y gestionar todos los recursos que ello implica de un modo técnica y económicamente conveniente.

El proceso de montaje suele incluir una cantidad significativa de mano de obra. Seat ha reunido la mayor parte de sus componentes en módulos independientes: en los automóviles quedan muy pocas partes que no se incorporen al proceso de fabricación de forma modular. Estos módulos se subcontratan en gran medida a proveedores externos ubicados en el polígono industrial que hay en las proximidades.

Otro método utilizado por Seat para reducir la complejidad de cada vehículo reside en la naturaleza de la construcción. La plataforma mecánica (motor, frenos, suspensión, etc.) se monta en una línea de producción específica (de manera que la variedad en dicha cadena de montaje es mínima) y luego esta plataforma se trata como un nuevo «supermódulo», que se monta en la carrocería del automóvil.

3.6.3 Fabricación contra pedido y gestión de la cadena de suministro

Este fabricante produce un número importante de automóviles (70 %) con una estrategia de fabricación contra pedido. Puede hacerlo así porque las especificaciones finales de un automóvil que aún no ha sido asignado a un cliente se pueden modificar, incluso en etapas muy avanzadas del proceso de producción.

Si se recibe un pedido de un vehículo que no está en la cadena de distribución ni figura en el plan de producción existente, la fábrica intentará asignar un automóvil a aquel cliente. En el sistema hay dos o tres momentos en los que se pueden modificar las especificaciones finales de un vehículo. A medida que éste va pasando por cada una de ellas, las oportunidades para efectuar más cambios se reducen. De esta forma, es posible que la definición del tipo de motor que llevará un vehículo se termine antes que el color del interior, y que éste se termine antes que el color del exterior. Si en el plan de producción no hay ningún vehículo del tipo necesario, entonces, naturalmente, se añade un nuevo vehículo con las especificaciones exactas al final del plan de producción previsto.

La ventaja de esta filosofía es que la mayor parte de los pedidos de nuevos vehículos se pueden dirigir hacia unidades cuya producción ya está programada, pero que aún no ha empezado físicamente. Entonces los volúmenes de la fabricación contra pedido aumentan y el grupo puede reducir las existencias de productos terminados de un modo asequible. No obstante, un inconveniente que tiene la misma es que los proveedores de componentes tienen menos tiempo para preparar sus propios planes de producción, por lo que también tienen que ser más flexibles en sus métodos de trabajo. Sin embargo, por el volumen de automóviles fabricados en Martorell y el nivel de características comunes entre los componentes, el problema se reduce más a una cuestión de planificación que a la flexibilidad real en cuanto al *mix* concreto de productos.

Con una cantidad de fabricación modular tan considerable, para Seat es fundamental que los módulos se entreguen a la fábrica tanto con la modalidad JIT como en la secuencia adecuada (JIS). Los proveedores clave están cerca de la planta, en un parque de proveedores donde montan los módulos contra pedido y entregan la mercancía a la línea de producción mediante un sistema transportador.

3.6.4 Recursos humanos

En Seat, la fabricación es en gran medida manual, especialmente el montaje final de los vehículos, y la empresa afirma tener cierto control del volumen de producción que se puede alcanzar en la fábrica. De forma similar a la estrategia de producción de Toyota en Kentucky, Seat mantiene a un número razonable de trabajadores con la modalidad de contrato temporal, de cuyos servicios puede prescindir con un preaviso de dos semanas, y básicamente de este modo se procede a la hora de reducir el volumen de automóviles producidos en la fábrica. En tal caso, las tareas realizadas en la fábrica se reasignan, de manera que los trabajadores lleven a cabo más operaciones en cada unidad y el tiempo de ciclo para la producción aumente.

3.7 Smart (fábrica de Hambach)

3.7.1 Características de la fábrica

La fábrica de Smart se encuentra en Hambach, en la región francesa de Lorena, en la frontera con Alemania. Esta ubicación se eligió por la disponibilidad de mano de obra, la situación geográfica en el centro del mercado de Europa occidental y las convenientes subvenciones que en su momento ofrecía el gobierno francés. Además, la fábrica está cerca de la autopista, contando además con su propia estación de tren.

La fábrica produce unos 550 automóviles al día en dos turnos, estando en condiciones de dejar un automóvil totalmente terminado en unas ocho horas. Este tiempo de fabricación se divide en cuatro horas de montaje y cuatro horas de premontaje. El tiempo de ciclo es de alrededor de noventa segundos, lo que permite a Smart fabricar unos 120.000 automóviles al año. El volumen de la producción se puede ajustar cambiando la duración de los turnos, aunque esto no es algo sencillo ni frecuente, pues requiere negociaciones con los empleados. Smart cuenta con dos mil trabajadores en la fábrica, además de los empleados de los proveedores ubicados en la zona

3.7.2 El automóvil

El Smart es un «microautomóvil», diseñado para uso urbano. Sólo hay un modelo de Smart, aunque admite las dos variantes básicas, como *coupé* y como *cabriolet*. Los clientes pueden elegir entre tres niveles de especificaciones: el «Pure», el «Pulse» y el «Passion».

Dado que el Smart está dirigido a un segmento diferente que la mayoría de los otros automóviles pequeños –el Smart suele ser un segundo automóvil– y, por lo general, sus propietarios tienen un poder adquisitivo mayor que los de otros automóviles pequeños–, la gama de especificaciones posibles es bastante amplia; por ejemplo, *airbags* laterales, asientos con calefacción, etc.

3.7.3 Desarrollo del producto

Cuando se creó el Smart, el grupo MCC decidió ampliar los límites de la modularidad en los turismos. La concepción de este automóvil se pensó sobre una arquitectura abierta. Smart ideó el concepto del automóvil y estableció las especificaciones para los módulos necesarios (por ejemplo, su peso, las dimensiones totales, los criterios de rendimiento y los puntos de conexión con el automóvil). En ese momento se consultó a los proveedores si podían fabricar aquel módulo y a qué precio podían suministrarlo. A partir de ahí, los proveedores pueden modificar el módulo, sin necesidad de consultarlo previamente, siempre que se cumplan las especificaciones establecidas por Smart. Dado que los proveedores fueron los que idearon los módulos que fabrican, son ellos quienes asumen cualquier responsabilidad derivada de sus posibles defectos.

En teoría, la arquitectura abierta puede permitir que varios proveedores compitan para tener el mejor módulo en cualquier momento. De modo que, por ejemplo, los clientes podrían fácilmente llegar a elegir la marca de los asientos de su automóvil. Sin embargo, las complicaciones prácticas hacen que esto sea poco probable. En el caso de que hubiera muchos fabricantes de piezas, si algunos de ellos no estuvieran conectados con la línea de montaje mediante un sistema transportador, sería muy difícil conseguir la entrega de forma secuencial.

Smart no tiene ningún compromiso de compra de una cantidad de módulos determinada, como así tampoco el de fabricar una cantidad mínima de automóviles. En su lugar, los intereses de los proveedores se garantizan mediante un sistema de precios flexibles. Si la producción real de Smart es inferior a la prevista, el precio de cada módulo aumenta. En cambio, si la demanda es superior a la esperada, los precios bajan. En otras palabras, Smart asume la mayor parte del riesgo del mercado con el automóvil, y los beneficios de los proveedores fluctúan menos que los de Smart.

3.7.4 Fabricación

La fabricación de Smart se caracteriza por un marcado uso de módulos y un nivel muy alto de subcontratación. MCC (Smart) solamente se encarga y responsabiliza de las siguientes etapas del proceso:

a) *Montaje final*

Referido a la estampación. Los trabajos de carrocería y pintura se subcontratan totalmente.

b) *Control de calidad*

Referido al control de la calidad, tanto de los automóviles terminados como de los procesos de control de calidad de los proveedores.

c) *Coordinación de las actividades de los proveedores*

d) *Logística*

Smart sigue principalmente los principios de la *lean manufacturing* y tiene las mínimas existencias de reserva. Siempre que es viable, las piezas se fabrican secuencialmente, aunque en algunas partes del proceso de producción esto se ha considerado ineficaz, debido al elevado número de operaciones necesarias. Por ejemplo, para los paneles de plástico de la carrocería resulta más conveniente trabajar por lotes y tener unas existencias de reserva para cinco días como máximo.

La propia fábrica se ha construido con un diseño poco convencional. Vista desde arriba, tiene una forma similar a la de la cruz de la bandera suiza, con los proveedores ubicados en edificios cerca de la fábrica. En el interior, la línea de producción opera junto a las paredes, las cuales disponen de puertas con aberturas para los contenedores de componentes. Esto permite que la entrega de piezas se haga cerca de cualquier punto de la cadena de montaje. De este modo, un proveedor es responsable de entregar todos los componentes de unas tipologías determinadas directamente a la línea de producción. En ese caso, se abre una puerta en la pared a lo largo de la línea, la cual permite que el material pase directamente al punto en que se necesita. Si más adelante se agregaran nuevos componentes al automóvil, se añadiría entonces una nueva puerta a la pared para garantizar que la entrega se hiciera de la forma más eficiente posible. De hecho, ninguna de las piezas entregadas a la fábrica llega a más de quince metros de distancia del punto en el que se incorpora al automóvil. Por tanto, estas características de diseño reducen considerablemente los requerimientos de movimientos dentro de la fábrica.

Además, hay tres puertas para cada uno de los puntos de entrega. Una es para los contenedores con piezas que llegan, otra para los contenedores en los que se almacenan los depósitos vacíos, y la tercera se usa por si el siguiente contenedor del proveedor llega antes de que el anterior esté vacío. De esta forma, los contenedores funcionan como un almacén de existencias.

Los automóviles se fabrican totalmente contra pedido. La lista de pedidos es lo suficientemente extensa como para permitir un plazo de entrega del automóvil de unas cuatro semanas, lo que es suficiente para comunicar a los proveedores el plan de producción. Smart proporciona de forma periódica a sus proveedores una previsión de su plan de producción con seis meses de antelación para, posteriormente, suministrarles información más precisa cuatro semanas antes de la producción. Por último, tres días laborables previos al inicio de la fabricación, se comunica a los proveedores la secuencia de producción, a fin de que puedan realizar los preparativos necesarios.

En la figura 7 se puede apreciar el flujo de pedidos de la fábrica.

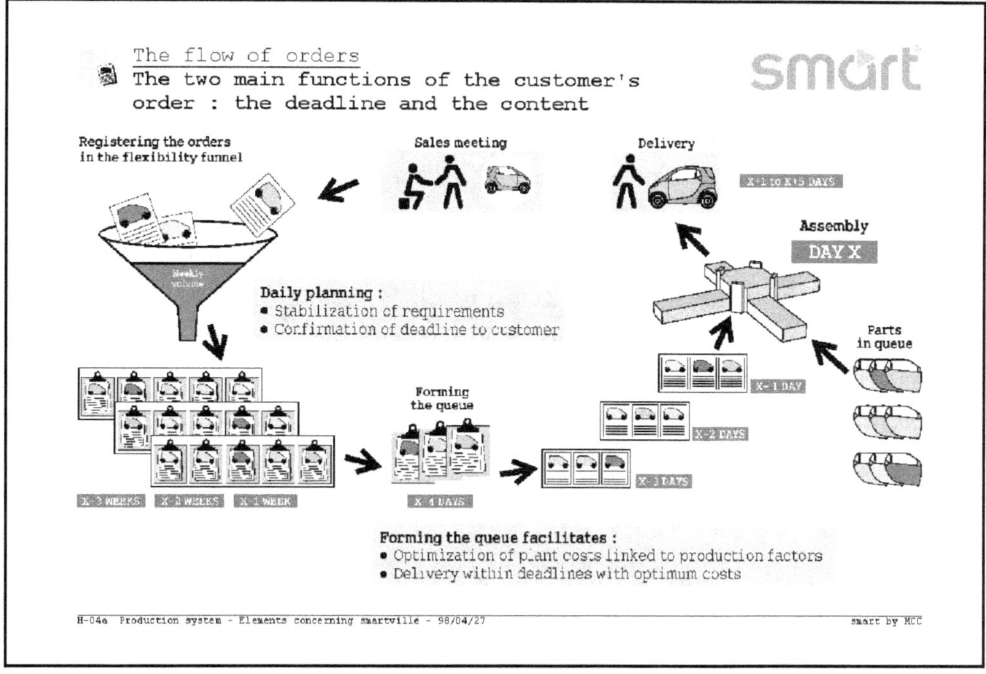

Figura 7. Flujo de pedidos de la fábrica de Smart.

3.7.5 Carrocería y pintura

La fabricación empieza cuando el proveedor Magna fabrica la carrocería (la denominada «célula de seguridad»), que luego se transfiere a Surtema (otro proveedor) para la pintura. Cuando la carrocería pintada ha pasado el control de calidad, se introduce en la secuencia. Surtema cuenta con unas existencias de carrocerías pintadas equivalentes a un turno, aproximadamente. Esto garantiza que, en caso de avería en una máquina, la producción no se interrumpa y que los trabajadores dispongan de un turno para resolver el problema.

3.7.6 Montaje final

El proceso de montaje propiamente dicho se podría describir desde el punto de vista de cuatro cadenas de producción distintas. Las operaciones de cada ala de la fábrica (en forma de brazos de una estrella) funcionan por sí mismas; cuando un automóvil se termina en una sección, pasa por una zona temporal a la sección siguiente. Aunque el tiempo de ciclo de la fábrica es de noventa segundos, hay fluctuaciones de una operación a otra. Para que estas fluctuaciones no interfieran entre sí, se mantienen unas reducidas existencias de reserva (entre uno y quince automóviles) entre cada proceso. De esta forma, cada sección de la cadena de montaje, así como el proveedor, tienen cierta libertad de variación en la cadencia de fabricación (siempre que se mantenga la media de noventa segundos) sin que toda la línea de producción resulte afectada.

Una vez pintadas, las carrocerías se introducen de forma secuencial para el montaje final. Cuando se coloca una carrocería en el sistema transportador y se transfiere a la fábrica de montaje de Smart, se envía una señal electrónica a los demás proveedores confirmando la secuencia del montaje final. Entonces los proveedores de módulos empiezan a fabricar y montar los módulos correspondientes.

El primer módulo que se incorpora a la carrocería es el habitáculo. Existen unas 16.000 combinaciones de habitáculo diferentes, cada una a la medida de cada vehículo en particular. El proveedor del habitáculo dispone de ochenta minutos desde que recibe la confirmación de la secuencia para terminar su trabajo. Los proveedores de las etapas más avanzadas de la línea de montaje tienen una mayor holgura en su tiempo-ciclo para terminar sus módulos.

Cumplir la secuencia prevista es esencial para la filosofía de producción de Smart, ya que los proveedores fabrican y montan ajustándose a la misma. En caso de haber algún defecto en un automóvil, éste no se retira de la línea, sino que permanece en ella y se repara más tarde. Actualmente, el cumplimiento de la secuencia se encuentra en el 99,9 %.

3.7.7 Flexibilidad

Debido al concepto de montaje modular y al eficaz flujo de materiales, la fábrica de Smart es muy flexible en cuanto al número y la gama de personalización que puede abarcar. Sin embargo, no lo es en la producción de modelos y plataformas, ya que únicamente puede fabricar un solo modelo basado en una plataforma. Un nuevo modelo descapotable, por ejemplo, no se puede producir en la línea de montaje actual.

3.7.8　Gestión de las relaciones con los proveedores

Las relaciones con los proveedores son el mayor reto del proceso de fabricación del Smart, debido a la gran cantidad de trabajo que realizan en el automóvil. En Smart, la gestión de la cadena de suministro se puede describir como una «gestión de las relaciones con los proveedores».

El hecho que los proveedores ideen y fabriquen módulos representa un cambio fundamental en la relación entre el fabricante del equipo original y el proveedor. Ahora es el proveedor el que tiene el *know-how* de la tecnología y de los procesos de producción. Además, el proveedor puede asumir una especie de rol de «monopolista *de facto*», ya que no puede ser sustituido fácilmente. Este hecho sitúa al proveedor en una posición mucho más fuerte de la que tendría en un proceso de fabricación tradicional.

Según Smart, los proveedores no han intentado aprovechar su mayor poder para presionarles y conseguir precios más altos y mejores condiciones. Esto parece deberse a tres razones. En primer lugar, existe un riesgo en cuanto a la reputación. El proyecto Smart es una operación de alto nivel que recibe mucha atención en el sector del automóvil. Por tanto, los proveedores están muy interesados en colaborar positivamente en dicho proyecto y que no se considere que sean causantes de problemas.

En segundo lugar, hay un efecto de aumento de los conocimientos. El proyecto Smart es uno de los pocos en del sector de la automoción en los que los proveedores idean y fabrican sus propios módulos. Si ocurre que el sector se va desplazando lentamente hacia un aumento de la subcontratación del diseño y de la creación de productos, el proyecto Smart les ofrece una valiosa oportunidad para desarrollar las aptitudes necesarias para operaciones de mayor envergadura e importancia en el futuro.

En tercer lugar, el proyecto Smart actúa como un medio para establecer una relación con Daimler Chrysler, lo que puede conducir a contratos más lucrativos y convenientes con automóviles de mayor tamaño.

Desde otro punto de vista, Smart no suele penalizar a sus proveedores con sanciones económicas por los tiempos de inactividad. Parece ser que ambas partes reconocen la relación «casi simbiótica» entre sus empresas y la importancia de trabajar como un equipo.

El concepto de modularidad seguido por Smart lleva a que la participación de los proveedores de primer nivel en la gestión de la cadena de suministro supere a la habitual. Smart sólo cuenta con ochenta y cinco proveedores, incluidos los de piezas pequeñas. Los proveedores de cada módulo tienen su propia cadena de suministro, la cual deben gestionar.

3.7.9 Control de calidad

El control de calidad de la fábrica lo realiza el proveedor y lo supervisa Smart, quien lleva a cabo dos tipos de controles:

a) el control de calidad de los automóviles terminados, y

b) el control del control de calidad de los proveedores (control del proceso).

- *Control de automóviles terminados*

  Smart verifica cada automóvil individualmente para garantizar que esté bien montado y selecciona una parte para un examen más exhaustivo, normalmente el 1 % de la producción, a fin de asegurarse de que el proceso sea estadísticamente estable.

  Cualquier automóvil con problemas de calidad que se deban corregir no se retira de la línea de producción hasta después de terminado, con la finalidad de garantizar que la secuencia sea correcta en todo el proceso de producción.

- *Control del proceso de calidad*

  Smart tiene en todo momento pleno acceso a las instalaciones de producción de los proveedores. Éstos verifican los módulos antes de enviarlos a la cadena de montaje. Smart no efectúa una doble verificación, aunque sí que controla qué tipo de comprobación de calidad realizan los proveedores, y verifica que dicho control se esté llevando a cabo de acuerdo con los estándares requeridos.

3.7.10 Gestión de los recursos humanos

a) Empleados propios

El personal de Smart es muy joven, con una media de edad de unos 31 años. Como antes no había fábricas de automóviles en la zona, la mayoría de los empleados no tienen experiencia en la fabricación de los mismos. Esto ha permitido a Smart «empezar desde cero» en su gestión de los recursos humanos.

Los trabajadores de la línea de montaje final de Smart están divididos en dos grandes equipos, cada uno de ellos formado por:

— *Operarios*
Trabajadores que realizan una sola operación.

— *Operarios polivalentes*
Trabajadores que pueden realizar cualquier tarea en los puestos de los distintos grupos de trabajo.

— *Especialistas*
Trabajadores que realizan operaciones atípicas; como, por ejemplo, reparaciones.

— *Capataz*
Trabajador (que puede pertenecer a cualquiera de los tres tipos nombrados anteriormente) que dirige al grupo de trabajo como «primero entre iguales». El capataz, entre otras cosas, es responsable de establecer el plan de trabajo y las vacaciones, del asesoramiento y la formación de su equipo, etc.

El sistema para la mejora continua se ha implantado destacando su importancia para cada trabajador. Cada equipo de producción recibe objetivos de mejora que están relacionados con sus primas. Las primas percibidas están divididas en dos componentes, ambos vinculados con la productividad.

El primero se refiere al rendimiento del conjunto de la fábrica y se paga a todas las partes de la organización, incluida la administración (para destacar la importancia de la producción como el propósito general de la fábrica).

El segundo componente está relacionado directamente con el rendimiento del equipo y su aptitud para cumplir los objetivos de productividad que se le han fijado. Smart exige que los grupos de trabajo se fijen por sí mismos los objetivos de mejora, que los *controllers* de la empresa tienen que aprobar.

b)   *Empleados de los proveedores*

En la fábrica hay una marcada influencia sindical. En general, en cada empresa proveedora se da la presencia de tres o cuatro sindicatos, cada uno con su propio representante.

Los cambios en las condiciones de trabajo, en la remuneración en Smart o en sus proveedores se conocen rápidamente en todo el parque de proveedores. Por tanto, éstos tienen una política muy abierta en cuanto a salarios y condiciones, y los trabajadores reciben las mismas retribuciones en todo el parque de empresas. Esto hace que Smart no pueda aplicar políticas de recursos humanos propias sin tener en cuenta las necesidades de los proveedores. Por consiguiente, las negociaciones con los sindicatos deben coordinarse entre Smart y todas las empresas ubicadas en el parque de proveedores.

Este singular sistema de negociación colectiva se vio sometido a presiones en 1999, cuando algunos empleados de un proveedor exigieron unos aumentos salariales que otros proveedores no se podían permitir. La huelga fue inevitable.

3.7.11   Gestión de inventarios

Smart pone en práctica una forma peculiar de gestionar su inventario: ¡no tiene *stocks!* Los proveedores siguen detentando la propiedad de los componentes cuando los automóviles están en la línea de montaje. Un automóvil no pasa a ser propiedad de Smart hasta que está terminado y a punto para la inspección de control de calidad. La transferencia a Smart se produce cuando el automóvil llega al final de la línea de producción. Desde allí, se envía una señal electrónica al fabricante con las especificaciones del vehículo.

En la práctica, esto significa que no hay un control formal de las piezas que llegan a la fábrica ni albaranes de recepción cuando se entregan las piezas, lo que evita la necesidad de papeleo entre Smart y los proveedores. De esta forma, la responsabilidad de los desechos y los desperdicios recae directamente en el proveedor, quien debe gestionar su propia eficiencia. Asimismo, los proveedores tienen que gestionar sus propios procesos de producción, incluidas las existencias y las entregas «justo a tiempo». Esto significa que Smart sólo paga los materiales usados realmente en la producción.

Cuando los automóviles salen del edificio de la fábrica, un operador logístico que actúa en calidad de tercero se hace cargo de los automóviles y asume la responsabilidad sobre ellos.

3.7.12 Productos futuros

Actualmente, Smart está elaborando un nuevo modelo de tipo descapotable. Para este vehículo, los contratos para los proveedores se subastaron y se adjudicaron a la oferta que ofrecía precios más bajos. Los proveedores actuales pudieron conservar el contrato para sus respectivos componentes, dado que ya habían desembolsado la mayor parte de la inversión de capital.

3.7.13 Cambios en el concepto original

La naturaleza del vehículo que se fabrica en la actualidad difiere considerablemente del concepto original planificado hace ocho años. Antes que Daimler Chrysler pasara a ser el único propietario del proyecto, Swatch había participado en el mismo. Su idea era la de un producto más barato y más moderno. A Mercedes no le gustaba el impacto que un producto de este tipo ejercería sobre su propia marca, mientras que Swatch no podía financiar el riesgo del proyecto. El automóvil en sí también ha evolucionado mucho respecto a la oferta inicial.

Al principio solamente había un modelo con las mismas especificaciones, disponible en varios colores. Estos automóviles se fabricaban según una estrategia tipo *push,* y el cliente podía cambiar los paneles de la carrocería a su gusto. Con el tiempo, el número de opciones fue aumentando espectacularmente, impidiendo la fabricación por el sistema tipo *push.*

Smart fábrica todos sus automóviles contra pedido (excepto algunos vehículos de muestra que se exhiben en la sala de exposición) y procura encontrar opciones que los hagan más atractivos para sus clientes. Esto ha hecho que el concepto de los paneles de carrocería intercambiables sea casi innecesario (esta característica no existirá en el descapotable), aunque hay un gran mercado de clientes que intercambian paneles de carrocería usados.

4 ¿Hacia dónde se dirige el sector?

Parece bastante razonable indicar que muy probablemente los automóviles sigan fabricándose con la configuración actual durante el futuro inmediato o a mediano plazo. Esta conjetura se fundamenta en lo ya explicado en los capítulos anteriores de esta obra, así como en la cuestión del precio del petróleo, previendo que se mantenga razonablemente estable a medio plazo.

Por otro lado, el sector de la automoción es un sector muy maduro, con escasas oportunidades nuevas para los fabricantes. Las tendencias actuales señalan que dentro del sector se espera tener una mayor diversidad y un aumento de la competencia en cuanto a precios.

Evidentemente, existe la posibilidad de que las células energéticas, o cualquier otra tecnología no convencional de propulsión, puedan llegar a ser rentables en cuanto a los costes en un futuro próximo. Sin embargo, la introducción de vehículos de este tipo será muy gradual, si es que se llega a producir, ya que en la actualidad aún no existen las infraestructuras necesarias para su utilización masiva. Dicha introducción se integraría en los procesos existentes sin causar grandes contratiempos en el conjunto del sistema de fabricación. (Los sistemas de este tipo se considerarían simplemente como otro módulo.)

No parece muy probable que el sector pueda hacer frente, a largo plazo, a la combinación de sobrecapacidad de producción y precios bajos que se da en la actualidad. A medida que muchos fabricantes intentan racionalizar su capacidad de producción a unos niveles más adecuados, también buscan eficiencia y ahorro en los costes para asegurarse de que el negocio siga siendo rentable.

Uno de los factores que más influye sobre cualquier negocio en estos momentos es el mercado bursátil. Los negocios se mueven en gran medida por el precio de las acciones de la empresa, por lo que se procura maximizar la rentabilidad del capital invertido en ellas. Esto hace que los fabricantes se concentren especialmente en aquellas partes del negocio que proporcionen los mayores beneficios con las inversiones más reducidas.

Se observa que la etapa final de la producción, el montaje del vehículo a partir de la unión de sus componentes, es la que añade más valor al producto y por este motivo los fabricantes se centran con mayor énfasis en esta última etapa.

Otros procesos de la producción se externalizan o subcontratan a otros proveedores, que se pueden especializar en la parte del negocio que les corresponde. Según las predicciones, a medida que la responsabilidad del diseño es cada vez mayor, la producción y la calidad van pasando progresivamente a las etapas más avanzadas de la cadena de suministro. Así, una posibilidad que manejan los analistas es que los fabricantes de automóviles se transformen en empresas de gestión de marcas más que de manufactura.

En cuanto al proceso de producción propiamente dicho, sea quien fuere el responsable del mismo, parece también evidente que aumentará en él la necesidad de flexibilidad. El proceso tendrá que poderse adaptar rápidamente y de una manera rentable para fabricar lo que el cliente requiera. Los fabricantes tienen que ofrecer al cliente toda una gama de productos actualizados y de calidad, que cumplan las especificaciones exactas que éste desee, y asimismo deben ser capaces de entregar el vehículo en un plazo relativamente corto.

Por otra parte, los fabricantes tienen que poder adaptar sus procesos de producción para hacer frente a una demanda cada vez más incierta. También deben ser capaces de innovar y tienen que reducir el tiempo y el coste necesarios para introducir las innovaciones.

4.1 Fabricación contra pedido o personalización en serie[3]

4.1.1 «Adiós *stocks*... Hola personalización en serie»

Una hipótesis muy corriente para muchos de los fabricantes de automóviles es que la demanda final de automóviles ha pasado a ser —y parece que lo será cada vez más— muy variada y, por consiguiente, más difícil de predecir. Este cambio en el comportamiento de los clientes hace que la estrategia de producción en serie tradicional sea arriesgada, ya que aumenta la probabilidad de fabricar automóviles que nadie quiera.

---

[3] Véase, por ejemplo: *The Economist* (2001), Agrawal *et al.* (2001) y Verespej (2001).

En efecto, la tarea de prever la demanda se ha vuelto prácticamente imposible. La respuesta de los fabricantes de automóviles ha sido un cambio continuo, pasando de la estrategia de producción tipo *push* a otra tipo *pull*, o, dicho de otro modo, de la estrategia de fabricación para existencias a la estrategia de fabricación contra pedido. Al parecer, se está produciendo una revolución silenciosa. Todos los fabricantes con los que hemos hablado han manifestado que esperan producir más contra pedido en el futuro.

La idea básica de una estrategia de fabricación contra pedido es «vender hoy lo que fabricarás mañana». Esto permite reducir drásticamente la necesidad de tener existencias, así como el riesgo de fabricar automóviles que en un futuro resulten obsoletos.

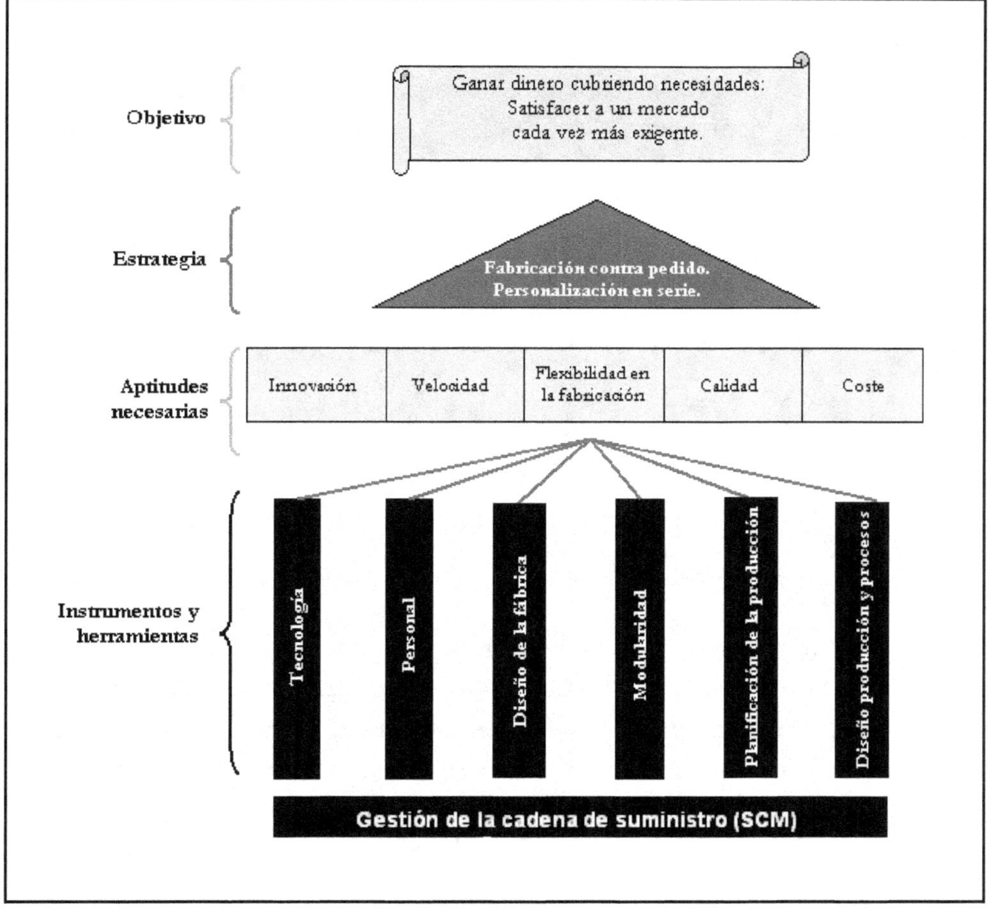

Figura 8. Gestión de la cadena de suministro (SCM).

De este modo, si el automóvil no se fabricará hasta mañana, ¿por qué no dejar mientras tanto que los clientes elijan algunas de sus características? El siguiente paso lógico de la estrategia de fabricación contra pedido –y posiblemente un paso clave para que sea un éxito comercial– es hacer un automóvil a medida, según los deseos del cliente. Esta estrategia de producción –fabricar automóviles en serie pero adaptándolos a las necesidades específicas de los clientes– también se conoce como «personalización en serie» o «personalización masiva».[4]

El paso de una estrategia tipo *push* hacia otra tipo *pull* tiene enormes repercusiones e implicaciones, tanto para el fabricante de automóviles como para toda la cadena de suministro. Para competir con una estrategia de fabricación contra pedido, los fabricantes de automóviles y sus proveedores necesitan determinadas aptitudes de fabricación: innovación en productos y procesos, velocidad desde que se efectúa el pedido hasta su entrega, flexibilidad en la fabricación, calidad de fabricación y una estructura de costes competitiva, entre otras características fundamentales.

Dado el alcance limitado de este trabajo, nos centraremos exclusivamente en la implantación de la flexibilidad en la fabricación.

4.1.2 Motivaciones para la fabricación contra pedido

Existen dos sencillas razones por las que los fabricantes de automóviles se están inclinando hacia la fabricación contra pedido: ingresos más altos y costes más bajos:

a)   Ingresos más altos

> De la misma forma que mucha gente está dispuesta a pagar más por un traje hecho a medida, las expectativas también indican que los clientes –hasta cierto punto– estarán dispuestos a pagar un poco más por tener un automóvil exactamente como ellos quieran. Por tanto, sería natural pensar que los fabricantes podrán cobrar un pequeño suplemento por los automóviles fabricados según el pedido de los clientes.

---

[4] En el inglés original: *mass customisation*. Sobre esta filosofía de fabricación: *Personalización masiva*, Blas Gómez Gómez, Biblioteca de logística, Marge Books, Barcelona, 2007.

b)   Costes más bajos

Los costes más bajos de la fabricación contra pedido vienen dados principalmente por dos razones:

— *Reducción de existencias*
Un auténtico sistema tipo *pull* apunta necesariamente a reducir los volúmenes de las existencias, tanto de productos terminados como de componentes.

— *Ausencia de automóviles obsoletos*
Cuando las previsiones no son lo suficientemente fiables, los fabricantes suelen tener que conceder descuentos considerables para vender los automóviles. En un sistema tipo *pull* tales descuentos no serían necesarios y no habría automóviles «invendibles».

En definitiva, dado que los fabricantes de automóviles terminan por pagar cualquier ineficiencia de la cadena de suministro, es evidente que les interesa que dicha cadena funcione en la medida de lo posible en función de un sistema «lo más tipo *pull* posible». El ahorro potencial en los costes asociados es enorme. Nissan, por ejemplo, ha calculado un ahorro de hasta 3.600 USD por vehículo al fabricarlo contra pedido.[5]

4.1.3   Algunos retos

La fabricación contra pedido y la personalización en serie son más fáciles de plantear teóricamente que de llevarlos a la práctica concretamente. Varios de los retos que destacan en esta dualidad están relacionados con los siguientes aspectos:

a)   Economía

La característica más evidente de fabricar contra *stock* es que se puede planificar la producción y fabricar en el nivel y en las secuencias que resulten económicamente más adecuadas. Contrariamente, fabricando

---

[5] Agrawal *et al.* (2001).

contra pedido, las empresas consideran que ambas cosas les resultan más difíciles de lograr de forma simultánea.

En primer lugar, habrá mayores fluctuaciones en la demanda y, por ende, eso condicionará el nivel de funcionamiento de las instalaciones, operando seguramente a una capacidad inferior. Obsérvese que muchas de las fábricas actuales están construidas pensando en una estrategia de fabricación contra *stock,* y la mayoría de ellas tienen que trabajar al 80 % de su capacidad instalada, aproximadamente, para llegar al umbral de rentabilidad.

En segundo lugar, la fabricación suele ser más eficiente cuando se producen lotes mayores. Una estrategia de fabricación contra pedido exige lotes más pequeños (idealmente lotes de uno), lo que puede ser difícil de conseguir sin incurrir en unos costes asociados relativamente altos.

b)   Velocidad

Una estrategia de fabricación contra pedido exige que el fabricante pueda entregar el automóvil al cliente dentro de un plazo razonable. Para la mayoría de los fabricantes esto requiere una difícil reducción del tiempo, desde que se efectúa el pedido hasta la entrega efectiva al cliente. Hoy el margen de tiempo es de aproximadamente un mes, con variaciones según el fabricante y la distancia que tenga que recorrer el vehículo hasta su entrega.

c)   Cadena de suministro

La aptitud del fabricante de producir automóviles de modo eficiente para satisfacer el *mix* de productos que pide el mercado debe verse reflejada en la cadena de suministro. Si los proveedores no pueden responder a las necesidades de los fabricantes, éstos no podrán responder a las peticiones de los clientes.

d)   Reticencia de los concesionarios

Los concesionarios suelen tener automóviles en sus salas de exposición. En la práctica, uno de los retos es solventar el conflicto de intereses entre concesionarios y clientes, ya que los primeros quieren vender sus existencias y los segundos quieren comprar el automóvil que tienen idealizado.

e)   Flexibilidad en la fabricación

El fabricante de automóviles debe estar en condiciones reales de entregar físicamente el producto que ha prometido a su cliente. Dado que la variedad de automóviles que el cliente tiene para escoger es enorme, también fluctúa en la misma medida el *mix* de productos. Por tanto, la flexibilidad en la fabricación es un requisito clave para la estrategia de fabricación contra pedido y la personalización en serie.

4.1.4 Descripción de la situación actual

Alrededor del 19 % de los pedidos de automóviles realizados en Europa se personalizan para el cliente.[6] Sin embargo, existen enormes diferencias entre los fabricantes:*

— *Nissan (Barcelona)*
Según Nissan, la empresa fabrica entre el 10 y el 20 % de sus automóviles contra pedido.

— *Ford (Valencia)*
Actualmente fabrican aproximadamente el 20 % de los automóviles contra pedido.

— *Seat (Martorell)*
Parecen haber avanzado bastante en la estrategia de fabricación contra pedido. Afirman producir casi el 70 % de sus automóviles contra pedido del cliente final.

— *Peugeot - Citroën (Madrid)*
En el momento de visitar esta planta de Madrid, no disponían de *target* explícito de producción contra pedido.

---

[6] *The Economist* (2001).

* Debe tenerse en cuenta que estas cifras han sido proporcionadas por los fabricantes y que pueden existir diferencias significativas en la forma en que hayan sido calculadas.

— *Smart (Hambach)*

Según sus directivos, la empresa fabrica el cien por cien de los automóviles contra pedido.

4.1.5 Pasos hacia la fabricación contra pedido

Algunas de las ventajas de la estrategia de la fabricación contra pedido se pueden conseguir con la fabricación contra pedido «virtual». Una técnica que parece extenderse es asignar los pedidos de los clientes a los automóviles en existencias. Si un cliente pide un automóvil y el concesionario no lo tiene en *stock* en ese momento, éste puede averiguar si aquel automóvil se encuentra entre las existencias de toda la cadena de distribución, en particular en otro concesionario.

Otra técnica es la de fabricar para reponer un determinado nivel de *stock:* cuando se vende un automóvil que había en existencia, se fabrica uno idéntico para reponer el automóvil vendido.

4.1.6 La necesidad de flexibilidad en la fabricación

Como hemos visto, el escenario actual del mercado ha generado un cambio en la estrategia de producción de los fabricantes de automóviles.

Desde el punto de vista de la fabricación, la mayor importancia concedida a la variedad y la variabilidad exige unas instalaciones de fabricación flexibles. Se puede afirmar que la flexibilidad en la fabricación es una característica clave para el éxito cuando se adopta una estrategia de fabricación contra pedido.

A título de ejemplo, con un único automóvil con posibilidad de volante a la izquierda o a la derecha, cuatro opciones de motor diferentes, dos sistemas de cambio de marchas, dos estilos de carrocería, seis colores diferentes, tres interiores y diez accesorios opcionales, se estaría ofreciendo más de medio millón de especificaciones individuales diferentes.

4.2   ¿Qué es la flexibilidad en la fabricación?[7]

La flexibilidad en la fabricación se suele describir como «la aptitud de un sistema de producción para adaptarse a la demanda del mercado». No obstante, a nuestro entender se trata de un término ambiguo, si bien no hemos podido encontrar una definición con un significado que tenga amplia aceptación en el sector. Al analizar el concepto de flexibilidad en la fabricación se ve claramente que tiene varias dimensiones. Nos concentraremos a continuación en cuatro de ellas.

4.2.1   Flexibilidad en el volumen

La flexibilidad en el volumen es la capacidad de modificar la cantidad de automóviles fabricados, manteniendo la *performance* de fabricación, la eficiencia y la calidad en los mismos niveles de antes de tomar la decisión de variar ese volumen.

La flexibilidad en volumen se puede cuantificar como la fluctuación permitida en el número de automóviles que se pueden producir, es decir, estableciendo un nivel mínimo y otro máximo de producción.

4.2.2   Flexibilidad en el *mix* de productos

La flexibilidad en el *mix* de productos es la capacidad de fabricar diferentes tipos de automóviles al mismo tiempo, cambiando también el *mix* de productos de los diferentes automóviles fabricados, sin incurrir en elevadas desviaciones de la *performance* habitual de fabricación.

La cuantificación de flexibilidad en la combinación de productos tiene al menos dos parámetros:

a)   Gama - Número

¿Qué número de posibles variaciones de automóviles puede fabricar una planta determinada?

---

[7] Basado en la presentación de Ford Motor Company en IESE, 2 de julio de 2002. Véase también Koste y Malhotra (2000).

b)   Gama - Heterogeneidad

¿Qué diferencias fundamentales hay entre los automóviles que se pueden fabricar?

La flexibilidad en la combinación de productos se debe considerar en relación con las líneas de producción. Si una fábrica tiene líneas de producción independientes, en realidad es como si hubiera varias fábricas bajo el mismo techo (fábricas dentro de la fábrica).

4.2.3   Flexibilidad en los cambios

La flexibilidad en los cambios es la capacidad de poder modificar el *mix* de productos o de procesos. Por ejemplo, la capacidad de introducir un nuevo modelo dentro de la línea de producción estando ésta en régimen de funcionamiento normal. El *mix* de productos se define como el número de productos diferentes que se fabrican simultáneamente, y la flexibilidad en los cambios indica cuánto le cuesta al fabricante introducir un nuevo modelo en la línea de producción. Este tipo de flexibilidad se deriva de la incertidumbre en cuanto a la duración del ciclo de vida de los productos.

La cuantificación de la flexibilidad en los cambios se puede definir por el número de sustituciones de componentes efectuadas durante un período de tiempo determinado dentro de una línea de producción específica.

Otro método alternativo que se sugiere es el de calcular la proporción de la inversión en equipamiento necesaria para que el nuevo producto ingrese dentro del régimen de fabricación normal de una línea, es decir, el porcentaje del coste total en equipamiento cuantificado en tiempo y dinero de fabricar un nuevo producto.

4.2.4   Flexibilidad en las modificaciones

La flexibilidad en las modificaciones significa la capacidad de modificar las especificaciones y reparar posibles errores durante la fase de producción, manteniendo la *performance* de fabricación, la eficiencia y la calidad en los sus niveles normales.

4.2.5 Niveles de flexibilidad

Además de los parámetros de flexibilidad mencionados anteriormente, la flexibilidad en la fabricación en el sector de la automoción se puede dividir en tres niveles:

a) *Nivel 1*

Corresponde a la «flexibilidad en las especificaciones». Se trata del margen de personalización (en número y heterogeneidad) que puede abarcar la línea de producción. Esto define la aptitud del fabricante para ofrecer opciones a los clientes que realicen el pedido de un automóvil.

b) *Nivel 2*

Un nivel de flexibilidad superior es la «flexibilidad en los modelos»; es decir, la gama de modelos (en número y heterogeneidad) que la línea de producción puede fabricar con una misma plataforma.

c) *Nivel 3*

Al nivel de flexibilidad más alto se llega cuando la línea de producción puede fabricar modelos diferentes basándose en plataformas distintas. Por tanto, el nivel 3 de flexibilidad en la fabricación se puede denominar «flexibilidad en las plataformas».

4.2.6 La matriz de flexibilidad

Resumiendo, hemos llamado «matriz de flexibilidad» a la que relaciona conceptualmente los niveles de flexibilidad vistos:

	Volumen	Combinación de productos	Cambios	Modificaciones
Especificaciones	No aplicable	¿En qué medida la línea de producción puede pasar de una opción a otra? (Lotes de uno)	¿En qué medida se pueden añadir nuevas opciones a la línea de producción?	¿En qué medida se pueden corregir o modificar las especificaciones durante la producción y después de ella?
Modelo	Número de modelos que se pueden producir	¿En qué medida la línea de producción puede pasar de un modelo a otro?	¿En qué medida se pueden añadir nuevos modelos a la línea de producción?	No aplicable.
Plataforma	No aplicable	¿En qué medida la línea de producción puede pasar de una plataforma a otra?	¿En qué medida se pueden añadir nuevas plataformas a la línea de producción?	No aplicable.

Matriz de flexibilidad

Figura 9.

4.3   ¿Cómo se consigue la flexibilidad?[8]

Evidentemente, la flexibilidad en la fabricación no se consigue con facilidad. Son muchos los retos a los que deben enfrentarse los fabricantes de automóviles en su evolución hacia la flexibilidad en la fabricación: cómo desarrollar las aptitudes de los proveedores, cómo hacer que los recursos humanos sean flexibles, cómo llevar el control de los costes de producción, etc. Por este motivo, los fabricantes de automóviles utilizan numerosos recursos para aumentar su flexibilidad. Comentaremos algunos de los más importantes.

4.3.1 Modularidad

La modularidad se suele asociar a la subcontratación, si bien se trata de dos conceptos diferentes. Se puede tener uno sin el otro; es decir, se pueden fabricar módulos internamente o bien subcontratar determinados elementos sin que existan módulos.

El término modularidad se usa profusamente, pero no tiene un significado claramente definido. Existen dos tipos de modularidad muy diferentes:

— Una se refiere solamente al *submontaje;* es decir, el montaje de componentes en los módulos (por ejemplo, asientos, tableros de instrumentos, salpicaderos, etc.) antes de incorporarlos al automóvil («modularidad en la fabricación»).

— Otra es la *modalidad en la arquitectura,* que se produce cuando el automóvil se diseña para que exista un cambio en la arquitectura cerrada integral hacia una arquitectura abierta, en la que módulos independientes puedan ser intercambiables.

Lo cierto para ambos tipos de modularidad es que se reduce la complejidad de la operaciones —desde la perspectiva del fabricante de automóviles—, ya que ambas implican menos piezas y menos operaciones. Sin embargo, en cuanto a aumentar la flexibilidad en las especificaciones, solamente la modularidad en la arquitectura puede ofrecer ventajas considerables. Si un automóvil está forma-

[8] Fuentes: entrevistas y visitas a fábricas. Referencias: McAlinden *et al.* (1999) y Takeishi y Fujimoto (2001).

do por módulos independientes, fabricar variaciones del mismo será una tarea relativamente fácil. Aun así, para conseguirlo, en la práctica hay que salvar enormes obstáculos; por ejemplo, cómo lograr una entrega ajustada a la secuencia si hay módulos del mismo tipo que vienen de proveedores diferentes.

Ambos tipos de modularidad parecen ir adquiriendo más importancia en la fabricación de automóviles. Por un lado, los fabricantes europeos y los estadounidenses, teóricamente, son los que subcontratan más módulos. Se dice que su motivación está caracterizada por:

- **Reducción de costes transfiriendo las operaciones de montaje,** desde la mano de obra de los fabricantes de equipo original (que les resulta relativamente cara) a la mano de obra más barata de las fábricas de los proveedores de componentes.

- **Reducción de la complejidad de las operaciones,** que facilita la gestión de la variedad en los modelos y, por tanto, aumenta la flexibilidad de las operaciones.

Por otro lado, los *fabricantes japoneses* también usan módulos, pero la mayoría de ellos se montan internamente dentro de la planta. Su motivación para el uso de módulos parece ser ligeramente diferente:

a) *Aumentar la satisfacción de los trabajadores mediante:*

- *Mejor ergonomía*

  Por ejemplo, la fabricación de tableros de instrumentos resulta mucho más fácil de hacer fuera del automóvil que dentro de él. Esta atención a la ergonomía adquiere mayor importancia a medida que el personal envejece y el número de mujeres aumenta.

- *Sensación de más importancia*

  Fabricar un módulo es como fabricar un producto terminado, lo que ayuda a los empleados a ver la importancia de su trabajo y hace que se sientan más satisfechos.

b)   Control de calidad

Los módulos submontados se pueden verificar independientemente antes de montarlos en el automóvil, lo que permite detectar y salvar los defectos más pronto.

4.3.2 Subcontratación

Desde los días de la fábrica integrada verticalmente de Henry Ford, la tendencia ha sido subcontratar cada vez más partes d el proceso de fabricación. Desde el punto de vista operativo del fabricante de automóviles, la subcontratación reduce la complejidad del proceso de producción, lo que facilita la producción de una gran variedad de modelos y permite que la fábrica sea más flexible. Sin embargo, en ocasiones la complejidad logística puede hacer aumentar los costes.

Teóricamente, dejar parte del proceso de producción en manos de proveedores independientes podría aumentar las opciones de piezas disponibles, ya que los proveedores compiten continuamente para crear piezas más atractivas, con lo que se reduce el ciclo de vida de los componentes. Esto también podría aumentar la variedad de opciones ofrecidas a los clientes, con lo que probablemente el nivel de flexibilidad en las especificaciones se pudiera incrementar.

4.3.3 Tecnología

El desarrollo y el uso de la tecnología siempre han sido recursos muy aliados a la flexibilidad en los procesos de fabricación. En la fabricación de automóviles en especial, los robots se han usado y se siguen usando exhaustivamente. Los avances en la tecnología informatizada han permitido que los robots fabriquen diferentes automóviles de la manera más eficiente y sin incurrir en costes de cambio elevados.

La maquinaria y el herramental son cada vez más flexibles en el sentido en que se pueden usar para fabricar modelos diferentes con una gran variedad de especificaciones. Esto se debe tanto a que las propias máquinas son cada vez más sofisticadas, como a que al diseñar los automóviles se tiene en cuenta la capacidad de las máquinas existentes.

Posiblemente, en lo que más han influido los avances tecnológicos ha sido en el flujo de información. El impresionante desarrollo de la informática ha permitido a los fabricantes de automóviles conectar a sus proveedores en redes, lo que ha reducido sustancialmente el tiempo necesario para informarles sobre los pedidos de los clientes y el plan de producción, y ha mejorado la calidad de la información. Esto también ha reducido considerablemente el tiempo de respuesta de la cadena de suministro ante los cambios de la demanda. Por tanto, entendemos que el uso de la tecnología influye de manera significativa sobre la flexibilidad en el volumen, en el *mix* de productos y en los cambios.

4.3.4 Personal

Prácticamente todos los fabricantes de automóviles subrayan la importancia de su personal para conseguir flexibilidad en la fabricación. En la búsqueda de la flexibilidad en el *mix* de productos y en los cambios, es imprescindible disponer de personal polivalente. Los fabricantes de automóviles han invertido mucho tiempo y dinero en la formación de los trabajadores, a fin de que éstos puedan fabricar cualquier modelo que pase por la línea de montaje. Además, al diseñar los automóviles, se tiene en cuenta todo lo manifestado, especialmente en cuanto al proceso de fabricación, a fin de facilitar un proceso de producción multimodelo.

Si la plantilla es fija, la flexibilidad en el volumen es muy difícil de conseguir. Los fabricantes de automóviles han procurado adaptarse progresivamente a la era de las fluctuaciones, negociando convenios de horarios flexibles con los empleados y los sindicatos. Tales convenios suelen establecer un número total de horas de trabajo al año por empleado, así como permitir y limitar el trabajo en sábados, domingos y festivos.

Para hacer frente al aumento de la variedad y la complejidad en los talleres de las fábricas generado por la enorme cantidad de piezas diferentes, los equipos de trabajo deben tener más autonomía y control sobre su propio ámbito de responsabilidad.

A la luz de las tendencias actuales, parece imposible que una estrategia de gestión centralizada sea efectiva, puesto que, en una fábrica de este tipo, esta estrategia no permite ver la realidad de las operaciones en la práctica de acuerdo con los lineamientos de flexibilidad requeridos. Por este motivo, es esencial una estructura de toma de decisiones descentralizada.

4.3.5 Gestión de la cadena de suministro

La aptitud de los fabricantes de automóviles para tener sistemas de fabricación flexibles depende mucho de la flexibilidad de la cadena de suministro. Evidentemente, si un proveedor no se puede adaptar a las cambiantes necesidades del mercado, tampoco lo podrá hacer el fabricante de automóviles. En otras palabras, la cuestión se centra cada vez más en la flexibilidad de la cadena de suministro y no tanto en la del propio fabricante de automóviles.

Como se ha dicho más arriba, los fabricantes de automóviles han establecido planes de producción virtuales. Estos planes se comunican a la cadena de suministro para ayudar a los proveedores a que planifiquen su producción con la antelación conveniente. Además, la consolidación de proveedores en el sector de la automoción debería conducir –en teoría– a que los proveedores fueran más avanzados y sofisticados, con lo que toda la cadena de suministro sería más flexible.

Con la tendencia hacia la subcontratación, la modularidad (es decir, cuando los proveedores se ocupan de su propia cadena de suministro), la coordinación de los parques de proveedores y la necesidad de lograr unos tiempos de respuesta menores, se necesita mucha más coordinación que en épocas anteriores. Ahora los fabricantes de automóviles se dedican más a la gestión de las relaciones de la cadena de suministro que puramente a la gestión de la cadena de suministro.

Los aspectos más importantes en cuanto a la planificación y la programación se pueden resumir de la siguiente manera:

a) Es vital, ya que es muy importante, que en la preparación de la cadena de suministro se entregue exactamente lo que el fabricante de automóviles necesita.

b) Es continua y fluctuante, con lo cual, requiere una capacidad de enfrentar los cambios requeridos por el mercado de una manera rápida y eficiente.

4.3.6 Diseño de los productos

Desde el punto de vista práctico, una de las maneras más eficaces de fomentar la flexibilidad en la fabricación parece ser tenerla en cuenta desde la etapa de diseño de los automóviles. Existen cuatro formas de facilitar la flexibilidad:

a)   *Compartir componentes*

Haciendo que diferentes modelos compartan componentes, los fabricantes de automóviles reducen, además de los costes, la complejidad de las operaciones y de la logística.

b)   *Procesos de fabricación similares para diferentes modelos*

Facilitan la introducción de nuevos modelos (se necesita menos inversión y menos formación de los trabajadores) y permiten adaptar las operaciones de una cadena de montaje a una modalidad multimodelo.

c)   *Tener en cuenta las capacidades de producción actuales en el diseño*

Fomenta la flexibilidad en los cambios y reduce la necesidad de inversiones y formación al lanzar nuevos modelos.

d)   *Piezas estandarizadas*

La intercambiabilidad es un prerrequisito para una arquitectura abierta que permita una fabricación modular.

Hasta cierto punto se puede decir que el establecimiento de alianzas estratégicas también constituye un método para conseguir una flexibilidad mayor.

En primer lugar, un fabricante puede comprar componentes u otros automóviles que de lo contrario no tendría; por ejemplo, motores diesel o automóviles enteros para completar la gama de productos.

En segundo lugar, compartir plataformas y componentes entre varios fabricantes facilita la producción conjunta. Y en tercer lugar, las alianzas estratégicas pueden conducir a unos conocimientos compartidos que mejoren el rendimiento de dichos fabricantes.

4.3.7 Diseño de las fábricas y parques de proveedores

Las fábricas de automóviles tradicionales suelen tener la forma de un enorme «ladrillo rectangular». Esto tenía sentido para la fábrica que se dedicaba a uno o dos modelos, pero al menos dos tendencias han puesto en entredicho el diseño convencional.

En primer lugar, cada vez es más necesario que de las instalaciones de fabricación puedan salir varios modelos diferentes. En segundo lugar, aumentan progresivamente los componentes que se montan previamente en módulos antes de entregarlos a la fábrica. Estos cambios condicionan el flujo de materiales interno. En los últimos años hemos visto que los fabricantes de automóviles han rediseñado sus instalaciones para mejorar su flexibilidad y, por ello, han adaptado sus *lay-outs*.

Dos ejemplos europeos de este cambio son la fábrica de Smart en Hambach (en la región de Lorena), Francia, y la fábrica de Opel en Rüsselsheim (Alemania).

La fábrica de Smart se ha diseñado en forma de cruz (como la cruz de la bandera de Suiza) y la línea de producción discurre junto a las paredes interiores. En cualquier punto de la pared se puede abrir una puerta. Por tanto, el diseño permite que los proveedores entreguen piezas directamente a la línea de montaje, que está en la misma cruz. De hecho, ninguna pieza se entrega a más de quince metros de distancia del lugar en que se necesita la pieza en la cadena de montaje. Esto reduce sustancialmente la necesidad de flujo de materiales interno. La idea en la fábrica de Opel en Rüsselheim es básicamente la misma.

Figura 10.
Panorámica de la fábrica de Smart en Hambach (Francia).

Figura 11.
Panorámica de la fábrica de Opel en Rüsselheim (Alemania).

Además, la mayoría de las fábricas que se construyen actualmente tienen una capacidad de unas 200.000 unidades al año.[9] Esto indica que los fabricantes de automóviles pueden reducir el volumen de producción mínimo requerido para llegar al umbral de rentabilidad; es decir, las ventajas de la economía de escala se pueden conseguir con un volumen de producción menor que antes.

El diseño de la fábrica también influye de otra forma en la flexibilidad de la fabricación. Si las fábricas se construyen para que sean capaces de producir modelos similares, se pueden gestionar a través de una red. Esto permite al fabricante cambiar la producción de una fábrica a otra.

Otra tendencia en la arquitectura de las fábricas es que los parques de proveedores parecen ser cada vez más habituales. Dichos parques facilitan la fabricación y la entrega de piezas y módulos secuencialmente.

[9] *The Economist* (2002).

4.3.8 Flujos de materiales y logística

El flujo de materiales puede suponer a menudo una limitación en la aptitud de los fabricantes para producir variedad. Especialmente dentro de la fábrica existe un límite en cuanto al número de piezas con las que se puede trabajar. Los sistemas «justo a tiempo» y *kanban* reducen la necesidad de almacenar piezas dentro de la fábrica. Sin embargo, la congestión de piezas en las operaciones de la cadena de montaje final todavía puede limitar la idoneidad de las cadenas de montaje multimodelo y las especificaciones ofrecidas.

El impacto del flujo de materiales y la logística sobre la flexibilidad está estrechamente relacionado con el diseño de la fábrica.

4.3.9 Contraposiciones. ¿Cuál es el equilibrio óptimo en cuanto a flexibilidad?

Hay que señalar que a menudo se producen efectos contrapuestos entre los diferentes tipos de flexibilidad. Por ejemplo, si unas instalaciones de fabricación son muy flexibles en cuanto a las diferentes opciones que pueden fabricar (flexibilidad en las especificaciones), esto puede incrementar los costes (afectando con ello a la flexibilidad) para introducir nuevos modelos.

Como muchas de las cosas buenas en la vida, la flexibilidad conlleva un coste. Inevitablemente, la flexibilidad en la fabricación suele significar una utilización inferior de la capacidad (más tiempos de inactividad, dificultades para equilibrar la línea de montaje, etc.). Y dado este coste, no puede darse por descontado que más flexibilidad sea siempre la mejor opción. La combinación de flexibilidades debe ser adecuada para la combinación de productos y la estrategia de fabricación de la empresa: lo que puede ser un nivel de flexibilidad óptimo para un fabricante, tal vez no lo sea para otro.

5 Conclusiones y comentarios

En los últimos años ha cambiado el comportamiento de los clientes al comprar un automóvil. Éstos exigen cada vez más variedad y el mercado del automóvil se ha ido fragmentando. En general, la respuesta por parte de los fabricantes de automóviles ha sido ofrecer la variedad que querían los clientes. Sin embargo, el cambio de comportamiento de los clientes ha convertido la previsión de la demanda en algo casi imposible. De este modo, la estrategia tradicional de producir según las previsiones ha quedado obsoleta. La respuesta de los fabricantes de automóviles ha sido un cambio en su estrategia de producción, pasando de fabricar para sus *stocks (push)* a fabricar contra pedido *(pull)*. Además, a fin de reducir costes, los fabricantes de automóviles exigen cada vez más que muchos de sus proveedores apliquen esta misma estrategia. Ésta es la revolución silenciosa que se está produciendo en el sector de la automoción.

Este cambio en la estrategia de producción exige unas aptitudes de fabricación que difieren de las anteriores. En especial, para proporcionar la variedad que pide el mercado la flexibilidad en la fabricación se ha convertido en una aptitud fundamental. Todos los fabricantes consultados parecen compartir este punto de vista. Además, la mayor variedad de la producción hace que las operaciones de fabricación sean mucho más complejas. Por consiguiente, uno de los principales retos a los que se enfrentan los fabricantes de automóviles es cómo aumentar la flexibilidad en la fabricación y al mismo tiempo trabajar con un proceso cada vez más complejo.

Sin embargo, aunque los fabricantes de automóviles tienen los mismos objetivos, hay ciertas diferencias en los medios que emplean para conseguirlos.

En cuanto a la adopción de una estrategia de fabricación contra pedido, Smart es el único fabricante que lo ha hecho totalmente. Su lista de pedidos pendientes era lo bastante larga como para fabricar en un nivel económicamente viable. Los demás fabricantes analizados tenían una combinación de automóviles fabricados contra pedidos de los clientes y automóviles fabricados para existencias, y el nivel de pedidos de clientes difería del 70 % aproximadamente de Seat al 15-20 % de Nissan.

Al parecer, todos los fabricantes se comprometen a un plan de producción fijo unos cinco o seis días antes de la fecha prevista para el inicio del montaje, a fin de dejar tiempo suficiente a la cadena de suministro para adaptarse.

Algunos fabricantes –especialmente Nissan– son muy rígidos en las especificaciones finales del vehículo: una vez introducido en el plan de producción, el automóvil no se puede cambiar (es decir, ¡son rígidos para ser flexibles!). Otros, como Seat, y en menor medida Ford, son capaces de adaptar el automóvil antes del montaje, con lo que las especificaciones se pueden modificar según lo solicitado por un nuevo cliente. En este caso, algunas opciones (en especial el color de la pintura, que no se subcontrata y de la que se tienen grandes existencias) se pueden cambiar incluso cuando falta muy poco para la fecha real de fabricación.

Contrariamente a nuestra idea inicial de lo que los fabricantes considerarían el mayor reto, éstos no parecen demasiado preocupados por mejorar el rendimiento de la fabricación contra pedido. El proceso de fabricación no supone un obstáculo en el camino del automóvil hasta el cliente. Según parece, la mayoría de los fabricantes pueden fabricar el automóvil en un plazo de ocho días desde la recepción del pedido. En cambio, el transporte del automóvil terminado hasta el cliente puede tardar al menos dos semanas.

Los fabricantes consideran que el mercado está dispuesto a aceptar una espera de alrededor de un mes para recibir un automóvil fabricado contra pedido. Y quizá a la mayoría de los clientes les sigue pareciendo bien escoger entre las existencias el automóvil más adecuado para sus necesidades. Efectivamente, el hecho de que la mayor parte de los fabricantes en serie sólo produzca aproximadamente un tercio de sus automóviles para «personalizarlos», da a entender que en la actualidad el mercado está satisfecho.

La teoría dice que los fabricantes trabajan para conseguir la planificación, programación y fabricación de un automóvil contra pedido dentro de los cuatro días de ordenar el automóvil. Pero por otro lado, el único de ellos que ofrece este tipo de fabricación al cien por cien actualmente necesita cuatro semanas de tiempo para ello, con el fin de garantizar que se le suministren al cliente las especificaciones exactas solicitadas. Si la teoría es correcta, esto indica entonces que a los fabricantes aún les queda camino por recorrer.

Lo cierto es que se puede decir que no hay una estrategia mejor que otra y que sería extremadamente difícil, si no imposible, que un fabricante cambiara de forma de pensar en poco tiempo. Además, es probable que un cambio así fuera una mala decisión, ya que la estrategia de producción de cada fabricante está claramente relacionada con el posicionamiento de sus productos en el mercado y su estrategia empresarial

Diferentes fabricantes han adoptado, en cierta forma, muchas prácticas similares en la producción de sus vehículos, y muchas de ellas son conceptos que ya tienen sus años, como las entregas de componentes «justo a tiempo». Es evidente que una técnica de este tipo la puede adoptar en general cualquier fabricante, ya que su empleo tiene un claro sentido. Otros fabricantes tienen técnicas que sus competidores no han desarrollado tan extensamente. Un ejemplo de ello sería el uso de la robótica: todos utilizan máquinas en cierta medida pero algunos lo hacen en un grado mucho mayor que otros.

Por ejemplo, Ford tiene una idea muy clara de su flexibilidad, en la que identifica tres niveles:

- Flexibilidad en las especificaciones.
- Flexibilidad en una plataforma única.
- Flexibilidad para producir cualquier plataforma.

Todos los fabricantes se podrían situar en cualquiera de los dos primeros niveles, mientras que Ford estaría más cerca de lograr el tercer nivel, y Seat y PSA también tendrían cierta capacidad para producir simultáneamente diferentes plataformas. Sin embargo, una fábrica como Smart, en la que se concentra una gran variedad de un único modelo de producción concreto, se situaría en el primer nivel. Dado el modelo de negocio de Smart, esto no representa un inconveniente, ya que Smart puede ofrecer a sus clientes mucha más variedad en un modelo que Ford, debido a la menor variedad de componentes con los que hay que trabajar. Esto es adecuado para la estrategia empresarial de Smart en un sentido que podría no serlo para Ford.

De los diferentes tipos de flexibilidad descritos anteriormente en esta obra, quizá la más valiosa sea la flexibilidad en el volumen. Seat considera (igual que la fábrica de Toyota en Kentucky) que puede conseguir dicha flexibilidad teniendo un número razonable de trabajadores temporales y ajustando la velocidad de la línea de producción si es necesario. Ford no puede hacer lo mismo debido a su dependencia de la automatización en sus líneas de producción, si bien considera que concentrándose en la flexibilidad en el *mix* de productos se reduce la necesidad de flexibilidad en el volumen. Otra de las ventajas del sistema de Ford es la mayor flexibilidad para los lanzamientos de productos. PSA, usando su tercer turno con mano de obra a corto plazo, tiene cierta flexibilidad en el volumen, al menos dentro de un margen determinado. Es evidente que esta solución sólo funciona a medio o largo plazo y no es capaz de adaptarse a la demanda día a día; no obstante parece suficiente dada la aptitud para producir toda una gama de automóviles y la baja volubilidad de la demanda.

Existen algunas iniciativas en las que todos los fabricantes parecen coincidir en que son valiosas como método para ahorrar costes, mejorar la flexibilidad o ambas cosas. Aparte de las iniciativas obvias adoptadas por la lean *manufacturing* («justo a tiempo», «gestión de la calidad total», TPM, etc.), todos los fabricantes están interesados en usar o incrementar el uso de:

a)   Producción modular y subcontratación.
b)   Acercar más a sus proveedores (parques de proveedores).
c)   Aumentar el número de automóviles fabricados con plataforma única.
d)   Recursos humanos y grupos de trabajo.

En cuanto al uso de la producción modular dentro de las fábricas, la teoría se puede ver claramente en la práctica. Los fabricantes son capaces de desplazar la complejidad de los automóviles que fabrican «agrupando» algunas de las opciones y variaciones en un único módulo, que luego pueden montar fácilmente en el vehículo.

En todas las empresas analizadas, la modularidad también está relacionada directamente con la subcontratación, y todas ellas coinciden en que esto les permite reducir los costes y dejar que los proveedores se concentren en su propia aptitud principal. A estas empresas no parece preocuparles los inconvenientes de permitir que los proveedores tengan tanto control sobre los vehículos. Muchos fabricantes van aún más allá, dándoles la oportunidad de participar en el diseño de los módulos. El ejemplo más extremo al respecto es Smart, que permite que sus proveedores modifiquen y mejoren los módulos «a su gusto», dentro de las especificaciones de Smart.

Todos los fabricantes confirman la necesidad de que sus proveedores se encuentren lo más cerca posible de la fábrica. En este sentido, la idea de construir un polígono industrial en el que se instalen la mayoría de los proveedores se considera esencial. Según parece, dado que actualmente la mayoría de los fabricantes utiliza la estrategia de producción tipo *pull* (al menos en principio), aconsejan a sus proveedores que hagan lo mismo. Para que sea así, es esencial que los proveedores estén allí mismo, a fin de que los módulos necesarios puedan estar listos exactamente en el momento en que se necesiten en la línea de producción. Ford, Seat y Smart enlazan sus líneas de producción directamente con sus proveedores, por lo que no hay exceso de existencias de las piezas en los proveedores ni en tránsito.

Los fabricantes estrechan cada vez más los vínculos con sus proveedores, tanto en un sentido virtual como en el físico. Las buenas relaciones son esenciales, ya que ahora el proveedor añade un valor significativo al propio producto. No es atípico que un proveedor participe intensamente en el diseño de determinados elementos de un automóvil y que se comprometa plenamente con el producto final. Un ejemplo extremo de esto es Smart, donde a los proveedores se les denomina colaboradores.

Es lógico que todos los fabricantes estén orgullosos de su estrategia respecto a la organización de sus recursos humanos. El motivo es en parte político, aunque todos parecen reconocer que sus recursos humanos son realmente su activo más importante. Todas las empresas organizan sus equipos de trabajo de forma diferente respecto a las demás, y las comparaciones no son fáciles, debido a la naturaleza de las estrategias de producción. Nissan hace un uso más extenso de la mano de obra en el proceso de montaje final, por lo que dispone de sistemas más sofisticados para el trabajo en equipo, la mejora y la comunicación, pero también Ford, que está muy automatizada, aplica procesos muy desarrollados. Todos los fabricantes comprenden que la base para la mejora reside en los talleres de la fábrica, y no en las oficinas. Por tanto, el proceso de toma de decisiones está totalmente descentralizado, en comparación con las líneas de producción originales de Ford. La única manera de mejorar el proceso es que lo hagan los que tienen un conocimiento realista y detallado de la forma en que están trabajando.

Entre los fabricantes también se observan muchas diferencias en sus procesos de producción. Cabe destacar el uso de maquinaria en la fábrica y la determinación de automatizarse o no para conseguir flexibilidad. Otras diferencias se centran en la estrategia global de la empresa. Por ejemplo, Seat practica una estrategia de plataforma, en la que muchos modelos y marcas diferentes se basan en un pequeño número de componentes. PSA sigue una estrategia similar, pero se concentra en el diseño de modelos para segmentos muy concretos. Ford cree en una estrategia flexible, que permita construir numerosos modelos y plataformas en cada fábrica, y la producción se pueda reasignar de una fábrica a otra. Nissan se centra en los «principios» de un flujo de materiales adecuado y sostenido y una productividad máxima. Smart fabrica un único modelo con una variada gama de opciones. Por todo ello, es evidente que se utilizan técnicas de producción diferentes, lo que dificulta a decir cuál es la mejor.

Las diferencias más evidentes se encuentran en el nivel de automatización dentro de la fábrica. La estrategia global de Ford de disponer de fábricas flexibles obligó a una gran automatización. Otros fabricantes se resisten a este cambio, ya que la elevada inversión de capital necesaria corre un gran riesgo si la maquinaria queda obsoleta o se subutiliza. Toyota en particular parece creer que la máxima flexibilidad se obtiene con un proceso muy manual, ya que se pueden hacer ajustes sin coste y en muy poco tiempo.

Otras diferencias residen en la planificación anticipada de las empresas. Algunas de ellas –en especial a Smart y Nissan– suelen establecer sus planes de producción con la mayor antelación posible, con el fin de que sus proveedores puedan adaptarse a los mismos. Esto permite reducir la complejidad y la variedad, limitando la oportunidad de variaciones de última hora. Pero a Seat en particular le gusta poder adaptar sus planes de producción a corto plazo, de modo que muchos «pedidos personalizados» se puedan fabricar a partir de automóviles ya programados. En su opinión, el aumento de la complejidad a corto plazo merece la pena, ya que el 70 % de los automóviles fabricados tienen un cliente asignado.

Es probable que la estrategia de plataforma general de Seat favoreciera esta decisión. Limitando el número total de componentes en la fábrica, también puede reducir la complejidad en otras zonas de la misma. Esta estrategia también le permite ser flexible en la combinación de productos, igual que Ford, pero sin los problemas generados por la construcción de plataformas diferentes en la misma línea de producción. Ford no consideraría que esta estrategia fuera una flexibilidad real, pero cabe plantearse si una flexibilidad de este tipo es realmente necesaria. Hasta ahora, Volkswagen ha podido vender muchas marcas y muchos modelos de automóviles basados en la plataforma del Golf, y los clientes parecen estar dispuestos a pagar más por un Audi que por un Skoda con la misma mecánica. Pero ¿seguirá siendo así? La aptitud de Ford para fabricar una serie de plataformas diferentes le permite lanzar nuevas plataformas con facilidad. Seat puede lanzar nuevos modelos fácilmente, pero el lanzamiento de una plataforma requiere más trabajo.

Otra clara diferencia es el flujo de materiales. El diseño de las fábricas más antiguas es más complicado; en ellas hay que efectuar operaciones para restablecer la secuencia y redireccionar la producción, mientras que en las fábricas más recientes, el orden y la limpieza son mayores. Ésta es claramente una de las ventajas de construir una fábrica nueva en un terreno no edificado, teniendo en cuenta las necesidades más modernas, y no constituye una reflexión sobre las aptitudes de los diseñadores de fábricas del pasado. Seat y Smart pueden beneficiarse de unas fábricas con unos diseños más simplificados, con menos cruces, en las que los suministros se entregan directamente en la línea de producción. Nissan y Ford han adaptado sus edificios actuales para dar cabida a cadenas de producción más largas y ofrecer más variedad en los modelos.

Respecto a la flexibilidad en el sector de la automoción, no está claro cuál es el nivel óptimo en la fábrica. La opinión de Ford es que es mejor cuanta más flexibilidad haya en tantas dimensiones como sea posible. Seat ofrece flexibilidad con una única plataforma, mientras que Smart ofrece flexibilidad con un solo modelo. Las tres estrategias funcionan igual de bien. Parece evidente que la mayor flexibilidad en cuanto a la combinación de productos está vinculada a la aptitud para lanzar nuevos modelos, lo que reduce la necesidad de adaptabilidad respecto al volumen. Los fabricantes han logrado la flexibilidad en la combinación de productos, en diferentes medidas, mediante un uso extenso de las técnicas siguientes:

a)   Diseño y construcción modulares.
b)   Automatización.
c)   Estrategia de «plataforma».
d)   Cadena de suministro receptiva y adaptable.
e)   Toma de decisiones descentralizada.

6 Bibliografía

Agrawal, Mani; Kumaresh, T. V. y Mercer, Glenn A. (2001). «The false promise of mass customization.» *The McKinsey Quarterly,* n.º 3.

Anderson, David M.; Pine, Joseph B. y Pine, B. Joseph II (1996). *Agile Product Devevelopment for Mass Customizatiom: How to Develop and Deliver Products for Mass Customization, Niche Markets, JIT, Build-To-Order and Flexible Manufacturing.* McGraw-Hill.

Ford, Henry (1988). *Today and Tomorrow.* Productivity Press.

Koste, Lori L. y Malhotra, Manoj K. (2000). «Trade-offs among the Elements of Flexibility: Lessons from the Automotive Industry.» *Omega, International Journal of Management Science* 28, págs. 693-710. Abril de 2000.

Lung, Yannick; Chanaron, Jean-Jacques y Fujimoto, Takahiro (editores) (1999). *Coping with Variety. Flexible Productive Systems for Product Variety in the Auto Industry.* Ashgate Publishing Company.

McAlinden, Sean P.; Smith, Brett C. y Swiecki, Bernard F. (1999). «The Future of Modular Automotive Systems: Where are the Economic Efficiencies in the Modular Assembly Concept?» *Michigan Automotive Partnership Research Memorandum No. 1.* Office for the Study of Automotive Transportation University of Michigan Transportation Research Institute.

McElroy, John (2000). «Anyone want billions of dollars?» *Ward's Dealer Business.* Diciembre de 2000.

Moozakis, Chuck (2002). «Nissan Wants To Be Like Dell.» *Internetweek.* Enero de 2002.

Pine, B. Joseph; Davis, Stan y Pine B. Joseph II (1999). *Mass Customization: The New Frontier in Business Competition.* Documento de Harvard Business School.

Takeishi, Akira y Fujimoto, Takahiro (2001). «Modularization in the auto industry: Interlinked multiple hierarchies of product, production and supplier systems.» *IMVP Paper.* Programa internacional para vehículos a motor del MIT.

The Economist (2001). «A Long March.» *The Economist.* Julio de 2001.

The Economist (2002). «Incredible shrinking plants.» *The Economist.* Febrero de 2002.

Trebilcock, Bob (2001). «Synchronicity». *Modern Materials* Handling. Noviembre de 2001.

Verespej, Michael (2001). «Automakers Put Wheels On Supply Chains.» *IndustryWeek.com.* Diciembre de 2001.

Welch, David (2001). «Why Detroit Is Going to Pieces.» *Business Week.* Septiembre de 2001.

Whitfeld, Kermit (2002). «Ford's Future Factory - NOW!» *Automotive Design & Production.* Mayo de 2002.

Wormack, James P.; Jones, Daniel T. y Roos, Daniel (1991). *The Machine That Changed the World: The Story of Lean Production.* HarperCollins.

Índice de figuras

www.ingramcontent.com/pod-product-compliance
Lightning Source LLC
LaVergne TN
LVHW080433200726
843507LV00004B/807